日本発、世界に飛躍

「地球人財」が
グローバル
時代を
勝ち抜く

一般財団法人
国際ビジネスコミュニケーション協会（編）

ダイヤモンド社

は　じ　め　に

　一般財団法人国際ビジネスコミュニケーション協会（IIBC：The Institute for International Business Communication）は、「人と企業の国際化の推進」を基本理念として、英語能力を測定・評価するTOEIC®（Test of English for International Communication）事業をはじめ、グローバル人材育成を支援するGHRD（Global Human Resources Development）事業など、さまざまな活動を展開しております。

　GHRD事業では、WEBサイト「Global Manager」の運営や、セミナー、フォーラム等の開催を通してグローバル人材開発に関する情報を提供しております。その活動の一環として、2012年よりグローバル人材をとりまく課題をテーマにゲストスピーカーをお招きし、ファシリテーター、参加者を交えたインタラクティブ・セッションを通じて共に考え、学ぶ場として「地球人財創出会議」を開催しております。

　この度、これまでの地球人財創出会議の内容を書籍として出版する運びとなりました。第1章では「地球人財」とは何かを解き明かし、第2章では、地球人財に必要なコミュニケーション力、第3章ではリーダーシップ力・イノベーション力、第4章では、真のグローバル化に必要な学習にフォーカスしております。講演内容は普遍的なもので、企業の人事ご担当者をはじめ、経営に携わる方々やご自身がグローバルに活躍したいと考えておられる方々にも、深い洞察やヒントを与えてくれるものと信じております。

また、巻頭対談として地球人財創出会議のファシリテーターを務めていただいておりますIMD北東アジア代表の高津尚志氏、前マーサー ジャパン株式会社代表取締役社長で、株式会社CORESCO代表取締役の古森剛氏のお２人に日本企業をとりまく現状とその打開について語っていただきました。巻末の特別インタビューでは、当協会主催の第１回グローバル人材育成フォーラムにご登壇いただいた慶應義塾大学の竹中平蔵教授より、グローバル化の歴史や今後の世界の潮流と日本の課題について俯瞰的視点からのお考えを伺っております。

　経済や社会がグローバルな規模でつながりを深める21世紀において、世界で活躍できる「地球人財」は今後ますます必要とされることでしょう。本書が皆様のお役に立つことを心から願っております。

2015年12月
一般財団法人 国際ビジネスコミュニケーション協会
理事長　室伏 貴之

CONTENTS

はじめに ……………………………………………………………………………… 2

巻頭対談
出でよ！育てよ！
日本発グローバルリーダー ……………………………………………… 7

高津尚志
IMD 北東アジア代表

古森 剛
株式会社 CORESCO 代表取締役、マーサー ジャパン株式会社シニア・フェロー、
一般社団法人はなそう基金代表理事

第1章
「地球人財」とは何か？

はたして日本のグローバル人材育成は
どこへ行こうとしているのか
大久保幸夫
リクルートワークス研究所所長 ……………………………………………… 22

変革をリードするHRとは
迫田雷蔵
株式会社 日立製作所
中国アジア人財本部長 ……………………………………………………… 36

第2章
価値観を伝えよ！——コミュニケーション力

海外赴任者マネジメントにおけるHRの役割とは
糸木公廣
シンクグローブ・コンサルティング代表 …… 52

これからの時代のリーダーシップ
古森 剛
株式会社CORESCO代表取締役、マーサー ジャパン株式会社シニア・フェロー、
一般社団法人はなそう基金代表理事 …… 66

ゼロからつくり上げるグローバル人事施策
有沢正人
カゴメ株式会社執行役員 経営企画本部 人事部長 …… 80

第3章
"地球的"であれ！——リーダーシップ力・イノベーション力

グローバルリーダーに求められる資質とは？
ドミニク・テュルパン
IMD学長 …… 96

東洋思想とグローバルリーダーシップ
田口佳史
老荘思想研究者、一般社団法人「東洋と西洋の知の融合研究所」理事長、
株式会社イメージプラン代表取締役社長 …… 110

グローバルで活躍できるイノベーション人財の具体像に迫る
西口尚宏
一般社団法人 Japan Innovation Network（JIN）専務理事 …… 124

三菱商事が目指す2020年
和光貴俊
三菱商事株式会社 人事部部付部長 …… 138

第4章
真のグローバル化に必要な学習とは？

世界の学生から見た日本
伊藤健志
立命館アジア太平洋大学（APU）学長室 課長 ································· 154

ビジネス・インパクトをもたらす
グローバルな企業内学習のつくり方を考える
シュロモ・ベンハー
IMD教授 ··· 168

シンガポール拠点における日本企業の現状と課題
古澤哲也
マーサー ジャパン株式会社 組織・人事変革コンサルティング プリンシパル ······· 182

巻末特別インタビュー
日本の課題としての英語とイノベーション
社会と組織、個人がなすべきことは？································· 195
竹中平蔵
慶應義塾大学 総合政策学部 教授

おわりに ··· 206

本書を読みながら気づいたことを書きとめておけるよう、
第1章から第4章の講演パートの各ページ、講演パートと
インタラクティブ・セッションパートの最後にメモ欄を設けています。
備忘録などとして活用してください。

巻頭対談

出でよ! 育てよ!
日本発グローバルリーダー

グローバル化が加速するビジネスシーンを勝ち抜くために、
企業における"人財"の価値はますます高まっている。今後求められる人財像とは何か?
どうすれば、優れた人財になれるのか? どのように育成すればいいのか?
「地球人財創出会議」で第1回からファシリテーターを務めるIMDの高津尚志氏と、
長年にわたり企業経営のグローバル化を支援してきた株式会社CORESCO代表取締役の
古森剛氏が、世界の中の日本という視点から熱く語り合った。

撮影●大倉琢夫

高津尚志

スイスのビジネススクール・IMDの北東アジア代表。早稲田大学政治経済学部卒業後、フランスの経営大学院INSEADとESCPに学ぶ。日本興業銀行、ボストン コンサルティング グループ、リクルートを経て2010年にIMD参画。IMD学長ドミニク・テュルパン氏との共著に『なぜ、日本企業は「グローバル化」でつまずくのか』『ふたたび世界で勝つために』(ともに日本経済新聞出版社)、訳書に『企業内学習入門』(シュロモ・ベンハー 著、英治出版)。

古森 剛

株式会社CORESCO代表取締役、マーサー ジャパン株式会社シニア・フェロー。一橋大学社会学部卒業後、日本生命保険相互会社入社。1998年、ペンシルバニア大学ウォートンスクールでMBA取得。2000年、マッキンゼー・アンド・カンパニー入社。同社東京オフィスおよびニュージャージー・オフィス勤務。05年7月、マーサー ジャパン入社。07年3月、同社代表取締役社長就任。14年8月からはシニア・フェローを務める。著書に『話しておきたいことがあるんだ』(星雲社)など。

「国際化」から「地球化」へ
双方向から多方向へ

古森 以前から、海外進出に積極的な日本企業は数多くありましたが、最近は本気度が上がっています。国内市場の成熟化という背景もあって、明確な数値目標を掲げて海外売上比率を高めるという強い意志を打ち出す企業が目立ちます。地球という基盤の上で、"地球人財"型の活動をする人たちが増えなければ、こうした数値も、絵に描いた餅に終わってしまうでしょう。経営にとっても、"人財"の地球化は切実なテーマになりました。

高津 世の中では「グローバル化」「グローバル人材」といった単語が氾濫しています。古森さんと同じく、私も地球といいたい。「地球人財創出会議」と命名したのも、その思いからです。「グローバル」というカタカナで表したときに、大事なニュアンスがこぼれ落ちてしまうのです。中国語では「全球」といいますが、これなら地球を思い浮かべやすいでしょう。日本語でも「地球」という言葉を使ったほうが、ニュアンスをよく伝えることができると思います。かつては国際化、インターナショナルの時代がありました。日本と米国、日本とドイツというように、国際化は2つの国があれば成立します。かつてはG7でしたが、いまはG20。国際化の時代には、主として先進国の人たちに向けて、いかに自分たちのことを知ってもらうかが大きなテーマでした。現在の地球化の時代には、あらゆる国の人たちと、いかに理解し合えるかが問われています。

古森 バイラテラル(双方向)からマルチラテラル(多方向)へという変化に伴い、政治や経済、企業活動の複雑性は一気に増しました。いまではビジネス活動が地球規模になり、南米やアフリカなどの市場も視野に入れている日本企業は少なくありません。このことは、経営の難易度が格段に高まったことを意味します。1つの事業を舵取りするにしても、地域ごとに市場の成熟度合いや好みといったものがまったく異なっているからです。以前と比べて、マネジメントがはるかに難しくなったと実感している企業幹部は多いのではないでしょうか。

高津 アジアと一言でいっても、そこには豊かさの水準や文化、習慣、言語などすさまじいほどの多様性があります。これは欧州など他の地域でも同様でしょう。地球全体で見るともう一段、多様性のレベルが上がります。このような時代に、世界中の人たちと関わりながら何かを生み出さなければならない。IMDの教授たちと「グローバル化(地球化)とは何か」という議論をすると、3つに収斂します。ダイバーシティ(多様性)とインターディペンデンス(相互依存性)、

コンプレクシティ(複雑性)です。簡単にいうと、多様なものが相互に依存する結果、複雑性が増す。それがグローバル化の本質です。国際化時代、二国間の相互依存は比較的シンプルでした。しかし、いまでは桁違いに多くの国や地域の、多様な企業、人々が相互に依存し合っています。その組み合わせを考えると、複雑度は10倍、100倍になっているかもしれません。

古森 多様性が増大するとともに、一方では共通部分も強化されています。代表的な分野は金融と情報でしょう。お金と情報は軽々と国境を越え、ちょっとした変化に反応して世界中を駆け巡っています。2008年のリーマンショック、最近ではギリシャの債務危機が注目されましたが、同じようなことは頻繁に起きています。

高津 共通化しているものには、英語もあります。とりわけ、世界のリーダーのコミュニケーションスタイル。私は以前、リーダーたちのスピーチを聞き比べたことがあります。たとえば、米国のバラク・オバマ大統領、英国のデビッド・キャメロン首相、国連の潘基文事務総長、コフィ・アナン前事務総長など。ビジネスリーダーのスピーチも聞いてみました。気づいたのは、みんな似ているということ。彼ら彼女らが国際会議などの場で話す英語は、語彙やスピード、聴衆に語りかける姿勢などがほとんど同じでした。

古森 世界の標準語としての英語、その成熟度が高まってきたということでしょうか。私は英語の勉強会を主催しているのですが、教材は主として米国上場企業のマネジメントメッセージです。そこでも同じことがいえます。たとえば、「努力する」といいたいときは「Make an effort」ではなく、「Strive」という言葉がよく出てきたりする。スピーチだけでなく、企業戦略などを広く伝える文書などでも同じ傾向があります。

メッセージを伝える相手は世界
部下や顧客、取引先など多様な人々

高津 メッセージの発信は、リーダーの重要な役割です。地球規模で活動するリーダーにとって、いまや、その相手は世界中の人たちです。だから、文化や習慣などの違いを超えて、できるだけ多くのオーディエンスを引き込むような言葉の選択が求められます。

古森 地球企業の1つ、ウォルマートはそのあたりを強く意識したコミュニケーションを工夫しています。同社トップが発するメッセージで特徴的だと思うのは、難しい語彙や文法、レトリックなどは一切使わないということです。できるだけ簡単な言葉を使って、しかも洗練されたメッセージを伝える。かなり高度な技法です。地球標準のマネジ

メントにおいては、こうしたコミュニケーションのスタイルが浸透しつつあります。

高津　明治維新後、日本は標準語をつくろうと努力をしました。各藩出身者のコミュニケーションがうまくとれずに苦労していたからです。法体系や行政機構などとともに、標準語は国家としての進化と統合のための手段でした。地場産業の工場とか特産品づくりの現場では、もちろん方言で何の問題もありませんが、統一国家づくりに関わる人たちがそれぞれのお国言葉で話していては議論にならないし、まとまりません。いまは同じようなことが、地球スケールで起きているといえるかもしれません。現在のビジネスリーダーにとっての英語は、明治の日本のリーダーにとっての標準語と似ています。明治のリーダーが標準語をマスターする努力を怠れば、大事なパートナーと思うように理解し合えなかったり、誤解が生じたりして仕事に支障が生じたことでしょう。いま、世界標準語としての英語の重要性は、それと同じくらい高まっていると思います。日本語が世界標準語だったらよかったと私も思いますが、地球的なビジネスの場において英語が標準語になってしまった以上、他の選択肢はありません。

古森　特にトップマネジメント層にとって、オーディエンスは部下だけではありません。これから入社するかもしれない人たち、顧客、取引先など多様な人たちに対して、メッセージを世界中に伝える必要があります。伝えるために何が必要かということを、相当意識してかからなければなりません。そうでなければ、経営者としての責任を果たせない。そんな時代になりました。

複数のコミュニケーションスタイルを
状況に応じて使い分ける

高津　たとえば、日本人エグゼクティブが自社のインドや東南アジアの工場、あるいは店舗を訪問するとしましょう。他の拠点も回らないといけないので、与えられた時間はごく限られています。エグゼクティブは15分とか20分で、集まった現地の人たちに対して精一杯「頑張ろうぜ!」ということを伝えなければなりません。そして、チーム一丸となって目指すゴールに向かってもらえるよう促すのです。

古森　短時間で、オーディエンスの心をつかまなければなりませんね。

高津　そういうスピーチやレクチャーができるかどうか。いまや、これはエグゼクティブとしては必修科目だと思います。先ほどは、日本人エグゼクティブの例で説明しまし

たが、これは出身国には関係ありません。たとえば、米国人にしか通用しない慣用句やジョークに頼っている米国人エグゼクティブは、米国外では自分のメッセージが十分に伝わらず困った事態に陥るでしょう。

古森 同じ英語であっても、それが自分たちの世界に閉じた言葉であれば地球ビジネス向きではないですね。

高津 リーダーがメッセージを発するのは、国際会議のような場面だけではありません。たとえば、キャメロン首相が地元選挙区でスピーチをするときには、地元の話題を交えつつお国言葉で話しているはずです。一方、G20のような舞台では、その場にふさわしい語彙と表現を駆使する。つまり、コミュニケーションスタイルの引き出し、あるいはチャネルを複数もち、最適なチャネルを選択することが重要です。

古森 たとえば、米国人CEOが日本に来て、米国史の細かい話をしてもオーディエンスを熱くすることはできないでしょう。歴史のエピソードやアナロジーを使うにしても、それが日本人にとって馴染み深いものに関係していなければなりません。ある程度その国のバックグラウンドを理解した上で、心をつかむメッセージを提示できなければ、地球的なマネジメントを実践することは難しい。

相手の個別文脈をとらえた上で、 心にタッチしようとする感性をもてるか

高津 かつての国際化時代、企業には国際派と呼ばれる人たちがいました。中には、米国に何年か赴任して帰国して、日本でも米国流を押し通そうとして、周囲から「アメリカかぶれ」といわれ煙たがられるような人もいたようです。一方、国際派の中にも帰国後周囲から頼りにされ、大きな仕事を成し遂げた人もいます。それは、米国流を自分なりに消化した上で、そのよさが日本の文脈で生かせるよう工夫して意思疎通することができたからでしょう。このような俯瞰的な知性は、今後ますます必要とされるようになると思います。これは別の話ですが、数年前に来日したIMFのクリスティーヌ・ラガルド専務理事の講演を聞いて感銘を受けたことがあります。テーマは「女性活躍推進」というものだったのですが、スピーチには日本でかつて活躍した女性、現在活躍している女性たちの話が巧みに織り込まれており、日本の聴衆の心に響くメッセージになっていました。フランス人のラガルドさんが自分だけで調べたとは考えにくいので、おそらく日本側の優秀なスタッフと一緒につくったのでしょう。

古森 ローカルな要素、文脈に沿ったエピソードなどが必要だということを、まずリーダーが認識することが大事。つまり、相手の個別文脈をとらえた上で、オーディエンスの心にタッチしようとしているかどうか。そこは技術とか知識というより、感性の問題かもしれません。

高津 いまの話で思い浮かぶのは、最近よく使われるようになった「Resilience」という言葉です。Resilienceは強靭さとしなやかさの両方が含まれた概念で、復元力と訳されることもあります。コミュニケーションに引き付けていえば、相手の文化に合わせる柔軟性と同時に、自分らしい確固たる信念や価値観を合わせもつことが求められる時代になった。簡単なことではないと思いますが、レジリエントな精神、コミュニケーションスタイルの体得は、人格的な高みへの到達につながることでしょう。自己の人格的成長を目指す人たちにとって、時代は素晴らしい環境を用意してくれています。

判断を保留する能力
多様性活用の前に我慢が大事

古森 先ほど多様性の話がありました。日本人だけでなく、どこの国の人であっても多様性に溢れた環境はあまり居心地のいいものではないと思います。異質なものに対して違和感や不快感を抱きやすいのは、人間の本性でしょう。しかし、だからといって無視したり顔をそむけたりしたのでは、何も生まれません。言い方を換えると、多様性をレバレッジできない。異質なものに出合ったとき、それをいったん受け止められるかどうか。地球人財に必要なものは何かと問われて、あえて1つだけ挙げるとすればこの感覚だと思います。

高津 まったく同感です。IMD学長のドミニク・テュルパンと私との共著『なぜ、日本企業は「グローバル化」でつまずくのか』で指摘したのは、判断を保留する能力の重要性です。文化や習慣、ビジネスに対する考え方などが異なる人の言動に対して、すぐに判断せずに一瞬のみ込んで考えましょうということ。たとえば、外国に出かけて会議に出たときに、A国人は時間通りに集まるけれど、B国人はよく遅刻するとします。そのとき、人はすぐに判断をしたがり、「B国人は怠け者だ」といったレッテルを貼ったりする。一度そういう判断をしてしまうと、そこから先に進めません。相手をリスペクトすることも、おそらくは相手からリスペクトされることもない。そこで判断をするのではなく、一瞬タメをつくって考えてみる。すると、文化や習慣など、遅刻の背景にあるものが見

えてくる可能性がある。即座に判断を下すタイプの人は、多様な世界の中で豊かな人間関係をつくることはできないでしょう。これは、国家間の文化や習慣の違いだけでなく、世代や業界や職種の間の違いでもいえることです。

古森 同じことを身近な言葉でいうと我慢です。「多様性活用の前に我慢が大事」とよく話しておりますね。この我慢を英語でいうと、耐え忍ぶ「Perseverance」ではなく、寛容と訳される「Tolerance」です。よく「日本人は我慢強い」といわれたりしますが、ここでいう我慢はちょっと違います。先ほど高津さんが適切な例を挙げてくれましたが、私も別の例で説明しましょう。1時間近く会議をしてきて、自分が提案した方向でほぼまとまりかけているとき、外国出身のメンバーが突然それまでの議論をひっくり返すような提案をしたらどう思うでしょう。「バカヤロー」といいたいかもしれませんが、そこで1秒タメをつくる。すると、「そういう考え方もあるかな」と思えるかもしれません。この1秒の差はとてつもなく大きいと思います。

多様性の中で仕事をする困難
だからこそ、努力する価値がある

古森 地球人財にとって我慢は欠かせないコンピテンシーですが、ただ、日本社会にはこれを鍛えにくい構造があるのではないかと感じています。

高津 2つの話をしたいと思います。お祈りと同調圧力についてです。

古森 お祈りは興味がありますね。

高津 では、まずお祈りから。私はIMDの北東アジア代表として、日本や台湾、韓国の企業に対するエグゼクティブ教育の開発と提供を担当し、地球的な文脈の中で仕事をしています。私にとって、顧客は日本や台湾、韓国の企業です。それぞれの企業がローカルな文化的背景の中で、独自のビジネススタイルを確立しています。また、同じ国、同じ産業の企業であっても、個々の企業にはユニークなやり方があります。多様な企業と向き合いつつ、一方では40カ国から集まったスイス本部の同僚とも協働しています。顧客や同僚に働きかけ、何らかの影響を与えることは可能ですが、私がすべてをコントロールすることはできません。さまざまなステークホルダーの中に立って全体をマネージするのが私の役割ですが、困難に直面することも少なくありません。

古森 我慢が大事ですね。

高津 我慢もできなければ務まりません。多様性というと一見美しい印象がありますが、実のところ、きれいごとで済ませられるようなことばかりではありません。最近、私は毎朝祈りを口にするのが日課になりました。「ニーバーの祈り」として知られている、20世紀に活躍した米国の神学者、ラインホルド・ニーバーの言葉です。以下、引用します。＜神よ　変えることのできるものについて、それを変えるだけの勇気をわれらに与えたまえ。変えることのできないものについては、それを受け入れるだけの冷静さを与えたまえ。そして、変えることのできるものと、変えることのできないものとを、識別する知恵を与えたまえ＞。この祈りの中に、地球化の中で生きていくための大切なものが込められていると思います。

古森 真理ですね。

ビジネスリーダーが変われば
日本社会が変わる

高津 次に、同調圧力です。よくいわれていることですが、日本社会では「みんなで仲よくしましょう」「みんなで何かをやりましょう」という類いの話が非常に多い。異質なものに対する寛容性が比較的低いのは、その裏返しといえるかもしれません。加えて、長幼の序というものがあります。私は日本文化の１つの要素として尊重したいと思いますが、イノベーションが求められる時代においては障壁にもなりえるのではないか。年齢に関係なく、多様な意見やアイデアをテーブルに載せてさまざまな角度から検討し、スピーディーな意思決定を行うことがあらゆる企業や組織に求められています。長幼の序が、こうしたダイナミックな動きを妨げるようなことがないようにしたいですね。

古森 「多様性でイノベーションを加速する」といったきれいな表現をよく見かけますが、高津さんがおっしゃったように本当のところはきれいごとじゃない。多様性のマネジメントといっても、簡単ではありません。それどころか、人類の歴史を振り返って、上手にマネージできた人が何人いただろうかと思うほど困難な課題です。その証拠に、いつまでたっても地球上から争いごとはなくなりません。しかし、だからこそ、努力する価値があるともいえる。多様性との付き合い方が上達すれば、ライバルに差をつけられるはずです。

高津 日本社会の課題について話しましたが、最近は徐々に変わりつつあるとも感じて

います。たとえば、企業ではワークライフバランスへの関心が高まっており、育休を取得するお父さんも出てきたようです。子どもと付き合うことは大きな喜びであるとともに、子育てから学べることも多い。すべてをビジネス視点に結びつけるのはよくないと思いますが、子どもという別人格と向き合う中で得たものの多くはマネジメントにも活かせるはずです。子育てだけでなく、少年野球チームのコーチでもいいし、マンション管理組合の理事でもいい。そこにはいつものビジネスとは異なる多様性があり、そこから学べることはたくさんあります。

古森 多様性を受け入れ、その中から意味のあるものや新しい価値などを次々に生み出せる社会をつくるためには、多面的な取り組みが必要です。教育や行政の仕組みなど、やるべきことはたくさんあるでしょう。そこで、「教育がダメだから」などと誰かに責任を押しつけて、自分は何もしないという態度では何も変わりません。1人の大人は多くの場合、企業で仕事をしながら、同時に社会の構成員としてさまざまな活動を行っています。リーダーが多様性への理解を深め、企業がボタンを押せば、社員たちは変わるでしょう。それはお父さん、お母さんたちが変わるということであり、それによる好影響は地域社会にも及ぶでしょう。企業における多様性の受容と活用は日本社会を変える可能性があります。

高津 エグゼクティブ教育の現場にいる者として、大いに励まされました。おっしゃるように、大人たち、とりわけビジネスリーダーが変わることによるレバレッジ効果は極めて大きいと思います。ただ、日本企業が乗り越えるべきハードルについても指摘しなければなりません。それは、人事システムの課題です。ビジネス活動の地球化が進む中で、従来型の仕組みが対応できなくなっているのです。

地球人財の活躍を促す
人事システムとは?

高津 日本企業の特徴といわれる年功序列や終身雇用は、戦後の右肩上がりの時代に適合していたから定着しました。あくまでも、当時の特殊な外部環境が前提です。しかし、そのような時代は終わりました。従来型の人事システムにも何らかの見直しが必要ですが、これを変えるのは容易なことではありません。その結果、さまざまなところで人事制度に起因する歪みが顕在化しています。たとえば、海外で優秀なマネジャーを獲得しようとすると、高額の報酬を用意し

なければなりません。同等の能力をもつ日本人マネジャーは相対的に低水準の報酬で働くことになり、場合によってはモチベーションにも悪影響が及ぶかもしれません。地球人財を獲得し活躍を促すためには、マネジャーなど一定の職位以上の報酬体系などについては、ある程度世界的なスタンダードに収斂せざるをえないのではないでしょうか。人事システムの変革には痛みが伴います。現状の秩序から新しい秩序に移行する際にはリスクもあるでしょう。そこは痛いほどわかるのですが、将来にわたってこれまでの仕組みを維持し続けることは難しいと思います。

古森 日本人社員の"飛び級"ができない企業は、外国人社員を活かせない企業とほぼ重なっています。本人に意欲と能力があるなら、20代の若手に子会社の社長を任せたっていいはずです。最近、一部の企業でこうした動きが見え始めてきましたが、日本企業の中で大きなトレンドにはなっていません。リーダーが「年齢なんか関係ない」と割り切れるかどうか。「年齢」のところに「性別」を入れてもいいし、「国籍」が入ってもいい。多様性をレバレッジするためには、この種の割り切り、覚悟といったものが必要です。

高津 「変えられるものを変える勇気」ですね。

古森 まさにその通りです。一企業が政府の政策を変えることはできませんが、人事システムなら自分たちだけで変えることができる。本当に世界市場で勝ちたいと思うなら、ここに踏み込む必要があると思います。

決めてしまいたくなることを決めない力
決めたくないことを決める力

古森 多様性の中で「いきなり決めつけないこと」の重要性を先ほど議論しましたが、その一方で、リーダーにとっては不確実性の中で決め切る力も大事だと思います。

高津 IMDでも重視しているポイントです。IMDでの定義は「現在と未来の不確実かつ複雑な環境において、組織の変革の旅路を形づくり導くことができるのが、グローバルリーダーである」というもの。「不確実かつ複雑な環境」というのは、簡単にいうと誰にも答えがわからない状況ということです。不十分な情報しかない中で、何らかの意思決定をしなければならない。そのような役割を誰かが受け止め、ありあわせの情報を組み合わせて何らかの判断を下す必要がある。いまのリーダーには、そのような能力が求められます。

古森 決めてしまいたくなることを決めない力、決めたくないことを決め

る力。この両方が必要です。

高津 相反するものを抱え切る力、ということもできますね。

古森 難しいことではありますが、訓練することはできる。たとえば、先ほどの高津さんの祈りもその1つでしょう。

高津 その通りですね。

古森 祈りでもいいし、マインドフルネス(瞑想)やコーチングでもいい。そうした準備や努力によって、人は自分の心をよりよい方向に変えていくことができる。心の方向、あるいはレセプター※の角度といったほうがいいかもしれません。それにより、多様性との付き合い方が変わってくる。やろうと思えば誰でもできることです。

高津 古森さんから、リーダーが適切なボタンを押せば社会を変えうるというお話がありました。これは冒頭で触れた相互依存性にも関係します。いまではソーシャルメディアなどを通じて、リーダーだけでなく、あらゆる人々が世界とつながっています。相互に依存し合う世界では、あらゆるものがあなたに影響を与えうる。このことは逆に、あなたはあらゆるものに対して影響を与えうるということを意味します。

自分たちをアピールする姿勢と同時に、相手のことを学ぶ姿勢を持て

古森 インターネット、さらにソーシャルメディアの普及により、個人が世界中に情報を発信できるようになりました。このことがもつ意味はとてつもなく大きい。これにより、いいことも悪いことも、その情報はあっという間に世界に拡がります。

高津 面白い、素晴らしい時代だと思います。たとえば、東日本大震災のときには、私もソーシャルメディアを通じて、多くの外国人の友人・知人のメッセージに勇気をもらいました。

古森 海外の多くの人々が、日本人のもつ忍耐力や自己犠牲の精神に対して感嘆の声を上げました。海外からの反応を見て、あらためて日本のよさに気づいたという人も多いのではないでしょうか。このような美徳について、日本人はもっと自信をもつべきではないかと思います。日本流の美徳を基盤とするリーダーシップを体現しているリーダーもいらっしゃいますが、そういう人たちが海外で活躍する事例はまだ少ないですね。日本流のリーダーシップに自信をもって、積極的に打って出てほしいと思います。逆に、外国人のリーダーシップから私たちが学ぶべき点も多いはずです。ただ、学ぶための環

※ 外界から刺激を受け取る器官

境が整っているかというと、必ずしも十分とはいえません。たとえば、ボードの構成メンバーを見ると、日本企業に比べて欧米企業ははるかに多様です。改善の余地は大きいといえるでしょう。

高津 相互理解という観点では、最近気になっていることが2つあります。1つは、日本人の尊ぶ価値観や美徳を外国人に向けて積極的にアピールすることは大事ですが、本当にそれらの価値は相手にとって意味があるのかという考察が十分行われているのかということ。中には、自分たちの思い込みが先走っているケースも散見されます。もう1つは、外国人のもつ文化や価値観を、どれだけ理解しようと努力しているのかということです。

古森 相互性は重要なキーワードですね。

高津 戦後の成長期、日本企業は海外から多くのことを学びました。スーパーマーケットのシステムを取り入れたり、米国からデミング※博士を招いて品質管理について教えを請うたり。明治維新後にも、同じような時期がありました。日本人は外部のものを学び咀嚼して取り入れることに長けているはずですが、最近はややこの姿勢が弱まっているのではないか。自分たちのことを相手に伝えると同時に、相手のことを理解し学ぶ。双方向の努力がなければ、地球市民とはいえません。

子育て、少年野球チームのコーチでも
リーダーシップの本質は同じ

高津 リーダー視点の話になりますが、マイクロマネジメントという言葉があります。たとえば、上司が部下を思い通りに動かそうとして、事細かく指示を出したりチェックしたりする。1つのマネジメントスタイルではありますが、限界もあります。1つは、マネージする側に時間的な限界があるということ。部下が5人ならできるかもしれませんが、50人なら不可能でしょう。もう1つは、マネージされる側に自由な発想や創造性が生まれにくいことです。マイクロマネジメントでは思いがけない失敗が起こりにくい半面、思いがけない喜びを感じる場面も少ない。これは国内外問わず、あらゆる人間集団で起こることでしょう。ただ、チームが地球サイズに拡がったとき、マイクロマネジメントはもはや不可能です。思いがけない失敗のリスクをいかにコントロールするか、思いがけない喜びをいかに最大化するかという視点はより重要になります。

古森 子育ても一緒ですね。自分とは異なる誰かを意図した方向にコントロールしよう

※ ウィリアム・エドワーズ・デミング。米国の統計学者で日本の製造業やビジネス界に大きな影響を与えた人物。

としすぎると、許容レベルを超えたときに我慢できなくなってしまう。そんなとき、子どもを殴ってしまう親もいるでしょう。子どもが思わぬ反応を見せたとき、一瞬自分の中にタメをつくって「なぜだろう」と思えるかどうか。

高津 まったく同感です。心理学などからマネジャーやリーダーが学べることも、実は非常に多いように思います。

古森 1人のビジネスパーソンは家に帰れば家族のリーダーかもしれませんし、地域社会の中では少年野球チームのコーチをしているかもしれない。そういうさまざまな集団の中で、実は同じことが起きている。国境をまたいだプロジェクトチームでも同じです。リーダーに求められるのは、自分とは異なる考えや文化をもった人たちとの相互理解をベースに、どのように働きかけて価値を生み出すか、あるいはよりよい方向に集団を導くかということ。どのような集団であっても、リーダーシップの本質は似ています。

誰も答えを知らない中で
意味ある解を見出すために

高津 最後に、教育について考えてみたいと思います。ある方に教わったことですが、教育には孔子型メソッドとソクラテス型メソッドという大きく2つのアプローチがあるそうです。孔子型の授業は偉い先生の話を聞いて、弟子は一所懸命にメモを取るというスタイル。ソクラテス型は対話重視で、弟子が偉い先生にチャレンジすることも許されます。日本の教育の主流は、これまで孔子型でした。欧米先進国にキャッチアップしようと頑張っていた時代には、孔子型で先達の知識や知恵を引き継ぐことが効果的だったのでしょう。しかし、イノベーションの時代、誰も答えを知らない中で意味ある解を見出さなければならない現実を前提とした場合、果たしてこれまで通りのやり方でいいのか。この点については、しっかりした再検討が必要だと思います。

古森 広く、深い問題ですね。社会全体、そして家庭環境を含めた大きなテーマです。

高津 孔子型メソッドで育った人が、地球人財としてどの程度活躍することができるのか。よく耳にすることですが、国際会議を仕切れる日本人が非常に少ない。企業内でいえば、世界中からマネジャーを集めた会議などを行うとき、議論をリードできる日本人社員が少ない。これは、英語とファシリテーション能力の問題です。

古森 その点については、指導者や環境の問題も大きいでしょうね。地球視点の仕事で使える英語や、それを基盤にしたファシリテーションを身につけるためには、実体験の

場が重要です。しかし、そうした体験を豊富にもつことができる英語の先生は限られているでしょうし、すべての学習者が英語環境でのファシリテーションの場に身を置く機会を得られるわけでもありません。指導者も学習者も、積極的にそういう経験を求めて動かなければなりませんね。

高津　指導者の質と量をどのように確保するかは大きな課題ですね。ただ、最近は徐々にではありますが、多様なものの中から答えを見出す力を育てるという方向にシフトしつつあるのではないか。わが子が通う公立小学校での授業を見ても、そんな印象があります。一方、企業内の教育も地球人財を意識したものに変わりつつあります。IMDは企業向けの教育プログラムをカスタマイズして提供していますが、ファシリテーションやコーチング、リーダーとしてのスピーチの仕方を学びたいといった要望を受ける機会が増えています。

古森　教育やビジネスの分野で、地球人財の育成に対する関心が高まっている。少なくとも、望ましい方向に動き始めたことは確かでしょう。この取り組みを継続し、さらに強化する必要がありそうですね。

第 1 章

「地球人財」とは何か？

企業の発展を支えるのは、"優秀な人材（＝人財）の力"。
これはいつの時代でも変わることのないビジネスの"真理"の1つだ。
グローバルなビジネスシーンを勝ち抜くための
「地球人財」とは何かを解き明かす。

大久保幸夫
リクルートワークス研究所所長

迫田雷蔵
株式会社 日立製作所
中国アジア人財本部長

はたして日本の
グローバル人材育成は
どこへ行こうとしているのか

「人は資産」「人は宝」。
日本のビジネス界でも長らくいわれてきた言葉だが、
グローバル人材の育成が急務となっているいま、
はたしてその言葉は内実の伴っているものに
なっているか。リクルートワークス研究所の所長として、
国内外の人材マネジメントについて
研究と分析を重ねてきた大久保幸夫氏は、
日本企業の、タレント（才能）を育成する仕組みが
いまだ非常に脆弱であると警鐘を鳴らす。
データをまじえての問題提起に触発され、
ファシリテーターの高津尚志氏とともに、
参加者が果敢に議論に挑んだ。

大久保幸夫
リクルートワークス研究所所長

1983年、一橋大学経済学部卒業後、リクルート（現リクルートホールディングス）入社。人材総合サービス事業部企画室長、地域活性事業部長などを経て99年にリクルートワークス研究所を立ち上げ、所長に就任。2010～12年、内閣府参与を兼任（菅内閣、野田内閣）。11年、専門役員就任。12年、人材サービス産業協議会理事就任。専門は、人材マネジメント、労働政策、キャリア論。

課題山積！
日本企業のタレントマネジメント

　リクルートワークス研究所では、アジア諸国のビジネスパーソンを対象に、「グローバル採用」に関する調査を実施していますが、その調査結果から、日本企業の「人材力」が他国のグローバル企業に比べて非常に劣っていることが浮かび上がっています。

　たとえば、2012年に行った調査（次ページグラフ参照）は、中国・インド・タイ・マレーシア・インドネシア・ベトナム・韓国・日本の8カ国の大卒者で20代、30代の仕事をもつ人々を対象に行っていますが、このデータで特徴的なものを紹介したいと思います。

　まず、望ましいと思う働き方についての質問では、日本以外の国々は「競争社会を勝ち抜く」が11.7〜28.8％に分散していますが、日本だけが異常値ともいえる4.8％です。日本以外の国々は、「幅広く人間関係を築く」が18.0〜38.6％であるのに対し、日本は11.0％です。また、「国や地域を発展させる」については、日本以外の国々は11.9〜29.6％でしたが、日本は5.5％でしかありませんでした。
「仕事よりプライベートを優先」か「仕事を優先」かという質問では、日本は「仕事を優先」が4.2％と、ワークライフバランスが浸透しすぎてバランスが悪くなっているのでは、という感も禁じえない数字になっています。

　ただし、このデータから、日本の若者がダメだと断じるだけでは何も解決しません。
　世界の若者と比較してかなり異なる価値観をもっていることを前提として、マネジメントする必要があるのではないか。
　率直にいって、日本の若者にいまさらハングリー精神を求めても無理な話で、むしろその価値観に合ったモチベートの方法を考えるべきなのではないか。
　内向きといわれる若者には積極的に外へ出ていく機会をつくらない限り、内向き傾向がさらに加速するだけの話ではないのか。
　そんな懸念も浮かび上がってきます。

Note

Check Point
日本のいまの若者の価値観に合ったモチベートの方法。

各国のビジネスパーソンの意識の違い

望ましいと思う働き方
A●競争社会を勝ち抜く　B●自分なりの幸せを目指す

	Aに近い	どちらかといえばAに近い	どちらかといえばBに近い	Bに近い
中国	16.8	35.1	31.7	16.4
インド	27.7	31.3	22.2	18.8
タイ	11.8	27.3	39.9	21.0
マレーシア	13.8	26.3	31.6	28.2
インドネシア	17.1	25.8	33.4	23.7
ベトナム	28.8	29.9	23.0	18.4
韓国	11.7	25.3	43.6	19.4
日本	4.8	20.8	46.8	27.5

(%)

望ましいと思う働き方
A●幅広く人間関係を築く　B●特定の人と深い関係を築く

	Aに近い	どちらかといえばAに近い	どちらかといえばBに近い	Bに近い
中国	25.7	37.8	25.3	11.2
インド	38.5	31.3	16.8	13.5
タイ	35.7	43.7	15.0	5.8
マレーシア	34.0	34.6	21.4	10.0
インドネシア	38.6	24.9	21.6	14.8
ベトナム	34.2	25.7	19.1	20.9
韓国	18.0	30.8	37.5	13.7
日本	11.0	31.5	42.2	15.3

(%)

望ましいと思う働き方
A●国や地域を発展させる　B●自分や家族を豊かに

	Aに近い	どちらかといえばAに近い	どちらかといえばBに近い	Bに近い
中国	12.2	24.1	41.7	22.0
インド	29.6	29.2	24.6	16.6
タイ	17.4	29.9	33.7	19.0
マレーシア	19.1	24.4	34.0	22.5
インドネシア	18.6	28.5	28.9	24.1
ベトナム	20.6	23.1	32.1	24.2
韓国	11.9	26.0	42.5	19.6
日本	5.5	21.2	46.3	27.0

(%)

望ましいと思う働き方
A●仕事よりプライベートを優先　B●仕事を優先

	Aに近い	どちらかといえばAに近い	どちらかといえばBに近い	Bに近い
中国	24.3	45.8	25.7	4.2
インド	29.0	34.8	23.8	12.4
タイ	17.8	43.7	29.9	8.6
マレーシア	38.4	39.1	16.1	6.4
インドネシア	22.1	43.7	24.7	9.5
ベトナム	4.7	12.9	36.4	45.9
韓国	15.5	41.3	33.1	10.1
日本	28.5	45.3	22.0	4.2

(%)

出典：Global Career Survey 2012（リクルートワークス研究所）

Note

タレントマネジメント−日本企業と他国企業の違い

日本	主観 Closed	➡ 育成型任用
その他	客観 Open	➡ 定着型個別処遇

　続いてタレントマネジメントについての問題があります。我々の調査では日本と海外の大きな違いが示されました。誰をタレントプールに入れるのかについて、日本では選抜に上司の目や推薦が強く影響したり、一部の人を特別扱いできないため選抜方法を明確にしなかったり、あるいは、あいまいに本人に伝えたり、選んだ後すぐに任用・登用せずにしばらくそのまま放置したりといった傾向が見られます。

　しかし、海外のグローバル企業では、客観的に選抜する仕組みや膨大な人事データの蓄積があり、さまざまな人事研修のなかで、複数のHR担当者がハイパフォーマーを観察しタレントプールに入れていくというプロセスがあるのが一般的です。

　また、日本企業は任用した後に育成する「育成型任用」ですが、海外のグローバル企業ではハイパフォーマンス人材を定着させるための「定着型個別処遇」が一般的です。育成なのか定着なのか、タレントマネジメント自体の目的にも大きな差があるのです。

　次に、強い「人」と「組織」をどう考えるか、についてお話ししたいと思います。

　これまでの日本企業はチーム力で勝負し、チーム力を強化・維持することを重視してきました。しかし、パフォーマンスのいい人が好き勝手なことをするとチーム力を阻害するので望ましくないという考え方では、グローバルマーケットで勝ち抜くことはできません（次ページ図参照）。

Note

Check Point
選抜基準があいまいな日本の企業。

Check Point
チーム力だけではグローバルでは勝ち残れない。

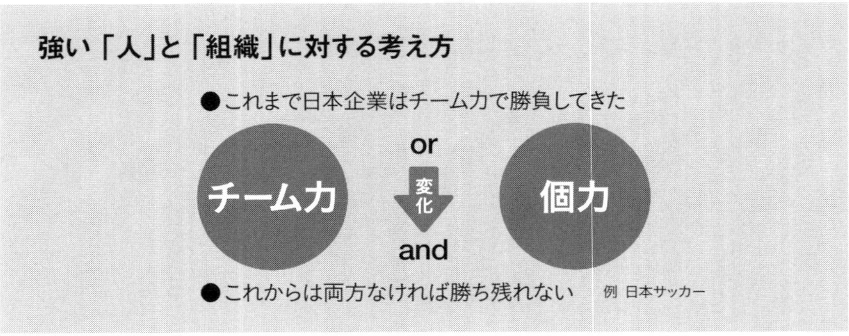

強い「人」と「組織」に対する考え方

● これまで日本企業はチーム力で勝負してきた

チーム力 or／変化／and 個力

● これからは両方なければ勝ち残れない　　例 日本サッカー

　たとえば、日本男子サッカーはワールドカップ予選での「ドーハの悲劇」を経て日韓共催でベスト16に入ったとき、「組織力が素晴らしい」と評価はされましたが、「名選手がいる」とはいわれなかった。

　そこで日本サッカー協会は「高い身体能力と技術力を合わせもつ選手が、強い組織力をもつチームの中で活躍することでできあがったのが、マンチェスター・ユナイテッドや、レアル・マドリードやバルセロナで、日本もそれを目指すべきだ」と考えました。そして、JFAアカデミーを含めて高い身体能力と技術力をもつ「個人」を育てることに全力で取り組んだ結果、2012年に行われた女子サッカーの国際大会「FIFA U-20女子ワールドカップ」における代表チームの活躍などにつながりました。ワールドカップに出場する選手は皆「個人」として目立ち、かつ結果を出すことを叩き込まれている。チーム力と個人力の両方がないとグローバルでは勝ち残れないからです。

　また、優秀な人材を採用し活用する上での課題もあります（右図参照）。

　優秀な人材を採用するには、最高の人材を採用しようとする「意志」が必要です。しかし、日本企業はトップクラスの大学に優秀な学生を採りにいこうとはせず、せいぜい上の下、中の上の学生を採りにいく程度ではないでしょうか。少なくとも、海外のトップクラスの大学は、日本企業にそんな印象を抱いています。

　日本企業は、採用計画や管理は整っているが、ある程度人材が育ったときに自由度や

Check Point
ある程度成長した人材への「自由度」の付与がない日本の企業。

Note

優秀な人材を採用し、活用する上での課題

```
採用 ──┬── 採用する「力」
        └── 採用する「意志」★

活用 ──┬── 計画・管理
        └── 自由・寛容 ★
```

寛容をもってマネジメントができていないのではないか。だから、ある程度のレベルの人材採用で済ませてしまうのかもしれません。

　イノベーターが多数集まる会合で、何人もに「それだけの実績があればさまざまな企業からお誘いの声がかかるのでは?」と聞いたら、意外にも「そうでもない。こんな使いづらい奴はいらないといわれてしまう」という答えがよく返ってきました。日本企業のタレントマネジメントは「泳がせて思いっきり力を発揮させることができるか」という点に大いに問題ありといわざるをえません。

　ダイバーシティマネジメントの本質は、こうした優秀な人材を多く抱え、それを最大限に活かすことなのに、女性の活用・管理職登用比率を上げることに矮小化されています。日本企業は「人が資産」とはいいますが、人を競争力の源泉にすべく具体的な各論にまで落としている会社はどれだけあるのか。

　かなり、辛辣な言い方もしましたが、以上が私の問題提起です。

あなたが得た理解と気づきは?

なぜ超スグレ者の学生を採ろうとしないのか

大久保氏の鋭い問題提起をもとに、
ファシリテーターの高津氏が会議参加者からの意見を出しやすくするため、
最初に対談形式で問題提起をさらにかみ砕くような形で議論を進めた。
すると参加者からは、自らの体験に基づく本音の意見も飛び出し、
日本企業の採用姿勢の問題点が浮かび上がってきた。

高津 以前、私が北東アジア代表を務めるスイスのIMDビジネススクールをリクルートワークス研究所の編集チームが取材に訪れたことがありましたが、そのときの報告を大久保さんはどのように受けられましたか？

大久保 編集チームは仮説をもってスイスに行ったのですが、帰国したときには当初の企画書と全然違うものになりました。「スイスでは、だれも『育成』とはいっていない。根本的に何かが違うようだ」と。

高津 私は、IMDのマーケットディレクターからそのときの話を聞いているのですが、「ワークスの編集者とは、前提としている考え方が全然違うので、かみ合わなかったところが多くあった」といっていました。スイスのグローバル企業では自律的な人材をどう開発するかではなく、彼らをどのように確保し、引きつけていくのかが大きなポイントになる。一方、日本でタレントマネジメントの話をしていると、「Autonomy（自律）」という概念がほとんど出てこない。

大久保 枠組みに当てはめるのではなく、人材を「1つの能力体である」ととらえ、人と組織がどれだけ長く付き合っていくかを考えなければならないということです。

高津 ワークスの編集者は「あるべき人材像があって、そこにどう当てはめるか」を考えていたようです。スイスの企業では、「能力ある人にどんな環境を与え、どんな処遇をすれば生き生きと働いてもらえるか」を考える。いわば芸能人のマネジメントのようにとらえたほうがわかりやすいかもしれません。当人がもっている能力をその時々で最大限活かせる場を与える。それはテレビかもしれないし、映画かもしれない。ひょっとしたら商業的にはまったく儲からないかもしれない。

ASTD（米国人材開発機構：2014年にAssociation for Talent Development [ATD]に改称）でタレントマネジメントが語られるようになったのは2005年頃からですが、企業力の源泉は、固定資産などではなく、人間の才能（タレント）であるという考え方が

台頭してきた。わかりやすいのは、自動車のデザイン業界です。BMWが雑誌でデザイナー本人を全面的に露出させるようになった。HYUNDAIもイタリアからトップデザイナーを招聘して、思う存分働けるように専属通訳の24時間完全サポートを用意している。そういった環境を与えることで成果として優れたデザインが生まれています。

チーム力を上げるのは、リーダーの存在よりも、メンバー個々の気づき

参加者A 私の体験として、チームをよりグローバル化する取り組みの成功例を紹介したいのですが、そのチームは当初、日本人6人で構成されていました。世界50カ国の拠点とコミュニケーションが必要なタスクをもつチームでした。しかし、日本人のチームリーダーでうまくいかなかったので、マネジャーを韓国人に代え、ファイナンスに中国人、テクニカルはシンガポール人、新卒採用でトルコ人、そして2人の日本人に構成を変えた途端に生き生きと仕事をするようになり、グローバルでベスト3のチームに成長しました。

　ここで学んだことは、日本人だけのグローバルチームをつくることは難しいことです。さまざまなカルチャーを背景にした「その道のプロ」で構成するのがよさそうということでした。

大久保 環境や経験によって大きく変わるという典型例ですね。私も、日本人大学生だけのチームと、日本人学生と外国人を含めたチームで実験的にワークショップをしたときにいろいろな発見がありました。たとえば、外国人と組んだ日本人学生たちは、外国人の優先順位のつけ方やコミュニケーションの取り方が日本人だけのチームとまったく違うことに気がついた。ワークショップを終えると、もっといろんな国の人と仕事をしてみたいという反応があった。やはり、目的に合わせて混成チームを形成するほうがよい結果がでる。

参加者B わが社では、グローバルインターンという取り組みがありました。6チームの中で2チームだけ中国人学生を入れたのですが、その2チームでは、最初は日本語すら話せなかったので英語でコミュニケーションしていた。意見が激しく対立し、バラバラになりかけたこともありました。しかし最後は、中国人の入った1つのチームがトップの成績を挙げたのです。最後の2日間でお互いを理解する大切さを実感したことが成功の理由なのではないかと思いました。参加者のバックグラウンドを理解しているリー

ダーやファシリテーターが特にいなくても、チームの中にその気づきが生まれれば、結果的にチーム力が向上することもあるのではないかと実感しました。

高津 これは以前ASTDでもあった議論とも関わってくるのですが、つまり、リーダーシップは個人の能力なのか、組織の能力なのかという問題です。いまのお話は、明確なリーダーはいなかったかもしれないが、組織全体としてみんなでやっていこうという空気感というか軸足ができた可能性もあるわけですね。

学生時代にすでに差が表れる
「プロ意識をもてるかどうか」

高津 さて、ここからはダイバーシティについて考えてみたいと思います。

日本は島国ですし、日本人だけで仕事をすることが楽なのはわからなくもありません。ただ、最近の日本企業ではダイバーシティに対する意識が低下してきている印象があります。歴史的に見ると、明治維新の頃は各藩の独立性が高く、もともとそれぞれが独自の通商や教育制度をもっていたところから明治政府を形成していった。実は日本の中にも確固たるダイバーシティがあった。

ここ20年くらいの間に、人材はある特定のソースから選び、同じ教育を受け、みんなが同じ新聞を読み、同じメディアを見るようになっている。結果的に同じ考え方をする人間の集まりになってしまっていないかということを痛感します。

大久保 先の大学生ワークショップの例では、学生たちの「協働の基礎力」がまだ育っておらず、プログラムに関わる教員が相当フォローをしないとチームがバラバラになる傾向がありました。一方、外国人が加わったグローバルインターンのケースでは、個の能力が相乗効果で引き出された可能性が高い。

特に中国人を入れたことで、主張するパワーに日本人も感化され、いろんな視点から

Note

議論することでチームとしてハイパフォーマンスを発揮できたのではないかと思う。

参加者C　私の体験では、同じインターンシップでも、日本とフランスで大きな違いがあることを痛感しています。日本の場合は、期間は長くて3カ月。学生の能力レベルでいえば、まぁそこそこといった感じです。対して、フランスの場合は、「本当に学生なの？」と思うくらいプロ意識をもった学生が1年程度やってくる。必然的に、入社時点で大きな差にもなるわけですね。では、日本以外のアジアの優秀な学生はどうかとみると、ここ10年近くの教育の欧米化で「個の尊重」が重視されてきていることもあって、ディベートやプレゼンテーション、ネゴシエーションといったスキルを身につけている。つまりは人の扱いがうまい、訓練されている印象を強く受けますね。

自分に自信がないと
互いを尊重することはできない

大久保　教育の問題だとは思いますが、残念ながら日本の教育が大きく変わるのを待っている時間的余裕は、日本企業にはないでしょう。「Individual Difference」（個人差）とは、単純に1人ひとりが違うというだけでなく、その違いを尊重することを意味する。互いの尊重は、自分に自信がないとできない。自己肯定感がない人は、違う人と出会うとどうしてもガードしてしまう。ですが、自己肯定感は教育現場だけではなく、親子関係や友人関係、恋愛関係の中でも育まれるもので、大人になってからでも十分に間に合うはずです。

　東大や京大を卒業した優秀な学生でも自分に自信がない人がいるし、本当に突っ込んだ人間関係を積み上げてきた学生が減ってきている。端的にいえば、人間関係が希薄になってきているからですね。人間関係に淡泊なままだと、個の違いをリスペクトすることは非常に難しい。職場においては上下関係をより濃くすることで、そういったことをフォローすることはできるはずです。

高津　実は、会議の前に控室で大久保さんと打ち合わせをしていたときに、日本企業は採用の際に面接に頼り過ぎているのではないかという話が出ていました。面接だけでなく、学力やディスカッションでの様子なども含め、「学生時代の質」を総合的に見るのが大切なのに、それを面接だけで決めてしまっているのが問題なのではないか。採用後の人材育成や評価もしかりで、近くで見ている直属上司が行うのはよいとしても、その判断材料が非常に限られ、どうしても好き嫌いといった主観が入りやすくなる。

IMDで関わっている企業幹部研修でも、欧州企業の一部は研修と登用を有機的につなげることに長けています。ハイポテンシャル人材に履歴書に「ビジネススクールに行きました」と書ける機会を与えたままにしていると、別の企業へ移ってしまう可能性が高まることもあるので、引き留めの意味も含めて研修後の早いタイミングで登用機会を用意する。

面接官の能力を超える人材を
採用することはできない

参加者D 日本企業では職場の上司が人材育成責任者という考え方が一般的だと思いますが、本来のタレントマネジメントとどう整合性をとっていくべきでしょうか。

高津 多くのグローバル企業では、タレントマネジメントの責任者がいて、常にライン責任者と戦っています。ライン責任者は近い将来の業績が主な評価指標ですが、タレントマネジメント責任者にとっては、会社全体の成長とそのタレントが生き生きと働き続けられるかということが評価指標になっています。ゆえにタレントプールに入れる数を相当絞り込み、手をかけ目をかけて、しっかり時間もかけてコミュニケーションをする必要があるでしょうね。

大久保 採用した人物がいつ芽を出すのかということでいうと、面接して人を採る場合、面接官の評価スコアと業績が相関関係をもつのは最初の2年間だけです。さまざまな国で調査してもほぼ同じです。つまり、すぐに成果を挙げられそうな人を採用しようとするのが面接官。

しかし、企業は長期に働いてもらいたいわけですから、先々に大きく成長する人を採りたいはず。ではなぜそういう人材を採れないかといえば、面接官の能力を超える人は採れないからです。これは上司部下の関係性でも同じことがいえます。上司の能力の範疇でしか部下の評価はできません。

参加者E 採用の時期になると経済団体がどんな人物が欲しいかというデータを発表します。それを見ると「チームワーク」「コミュニケーション能力」などが高得点。要は、組織の中でうまくやっていける人を求めているわけです。新しいものを生み出すための「創造性」「殻を突き破る」といった項目にはほとんど点が入っていない。ここに、日本企業の現状が端的に表れていると思います。実に生ぬるい。いま、日本企業には、ほんわかやっている暇なんて1日もない。世界に向かって新しい価値・新しい付加価値を継

続的に生み出せる人材を一刻も早く確保する必要がある。10年に一度新しい価値を出せばいいという時間軸ではありません。

人材の育成・評価はロジカルに
経験や暗黙知では納得されない時代

高津 ここまでのやりとりをまとめますと、大久保さんが問題提起したダイバーシティマネジメントという言葉と知的資本経営という話につながってきます。イノベーションというのは、異質な人材・考え方や物のぶつかり合いによって生まれることが多い。どうも日本企業は付き合いやすい人、同調しやすい人を内側にとどめやすい仕組みになっているのではないかという感を強くします。

大久保 私どもで、経営者たちを対象にイノベーション人材に期待する特徴をアンケートしたことがあります。経営者たちの回答の中で一番スコアが低かった項目は「利他性」でした。つまり誰かに喜んでもらいたい、そのために力を発揮するという特徴ですが、実はプロフェッショナルといわれる人やイノベーターといわれる人たちには利他性が一番コアにある傾向があります。つまり、経営者がイノベーターのことをよくわかっていないということです。

　もう1つ採用にまつわる話ですが、日本は江戸から明治期にかけて極めてプロフェッショナル志向が強い国でした。いま、インドではTier 1とTier 2の大学卒の初任給は4倍以上の差がついています。

　実は、日本の初任給が一律になったのは戦前の国家総動員法のときからです。それまでは、東大と早稲田大卒の初任給はまったく違いました。一律の仕組みが戦後も維持されて、それがフィットした時代は1980年代頃までです。

　ではどこから仕組みを変えるのかという問題は非常に難しいが、もはや転換期と気づかずに転換期を過ぎようとしているようにさえ思えます。最近、ロンドン・ビジネススクール教授のリンダ・グラットンが著した『WORK SHIFT』（邦題『ワーク・シフト――孤独と貧困から自由になる働き方の未来図〈2025〉』プレジデント社）という本がよく売れています。

　グラットンは、「ジェネラリストの時代は終わった。プロフェッショナルに、それも連続性のある複数分野のスペシャリストになれ」と提唱していて、そのメッセージが多くの人々の心をつかんだのではないかと思います。

高津 能力が高ければお金を与えればいいのかということについて補足しますと、スイスのさまざまな企業に聞いた話ですが、ある一定以上の報酬に達すると報酬はキャリア選択に大きな影響を与えなくなる。目に見える対価ではなく、「自分が尊重されている」と感じることが企業内にとどまる意欲に大きく影響する。つまり会社と個人が恋愛の駆け引きをやっているようなもので、さまざまな手を使ってお互いによい関係性を長く保とうとしているようなものですね。

「採用」ではなく「選別」をしているだけではないか

参加者F 私は19年間で9カ国でのマネジメント経験があります。これまでの議論で共通項があるとすれば、「異質性への寛容」と「それをどう活用するか」という2点になるのではないかと感じます。異質性があるというのはいろんな感性があるということですが、本来もっている能力を発揮するには、多様性の中でそれぞれが認められなければ発揮しづらいですね。海外へ行く前、私は会社からあまり評価される人間ではありませんでした。しかし2〜3カ国を経験したのち、人事部門からの評価が急に上がり始めました。なぜかといえば、事業部門の人は極端にいえば数字だけを見ているが、人事部門はチームをいかにつくるか、ファンクションをいかにつくるかという視点で見ている。

参加者G インターネットでの採用が主流になって、どうも採用ではなく選別をしているような気がします。いわゆるSuper Smartな学生を積極的に採りにいくのではなく、目の前に現れている人の中から誰がいいかという選別作業をしているだけなのではないか。日本企業はどうしても一から育てるという意識が強く、育てやすい人材を採ってしまっている側面がある。日本人の中にもSuper Smartな学生はいるはずなのに、目の前に現れないから採ろうとしない。結果、海外の大学へ出てしまっているのか、外資系企業へ流れてしまっているのか、どこにいるのかよくわからない状態です。これは考え直す必要がありそうです。

参加者H 私は、日本人にどれだけ異質な経験を積ませられるかがキーになりそうだという気がしています。私が小さかった頃の日本でも、兄弟が多いこともあり、食事のときは毎日おかずの取り合いで、まさに競争をして戦いをして、知らないうちに鍛えられ訓練されてきた。新興国の若者たちはそういった状況を現在進行形で経験しているように感じますが、彼らと協働していくにはどうしたらいいのかと考えなければならない。

大久保 なるほど。それでは、最後のまとめとして、ロジカルにやりませんかという問いかけをしたいと思います。つまり、これまでの日本企業では、「この人を抜擢します、こういう育成プログラムでやります」というときに、なぜやるのか、なぜいいのかを説明しなくても経験とか暗黙知でなんとかなった。しかし、グローバルにそのプログラムをやるときにはロジカルに説明しないとできないし、暗黙知のままでは無理です。ロジカルに表現して、うまくいかないところは変えていく。それが変化に対応するためのプロセスになるのではないでしょうか。これを締めのメッセージとしたいと思います。ありがとうございました。

2012年11月28日に行われた「第1回 地球人財創出会議レポート」の内容を再構成

あなたが得た理解と気づきは?

変革をリードする HRとは

世界で戦い勝てる
グローバル・メジャープレーヤーを目指し、
人事マネジメントを含めた
大変革に取り組んでいる日立製作所。
この変革を推し進めてきた迫田雷蔵氏は、
欧米の大企業と比べて日本のタレントマネジメントは
「1周遅れのランナーである」と指摘する。
日立が目指す新たな人財マネジメント像、
そして、企業が大きな変革を実施する上で
必ず生じるであろう抵抗について、
参加者からの質問が集中した。

迫田雷蔵
株式会社 日立製作所
中国アジア人財本部長

1983年、日立製作所入社。一貫して人事・総務関係の業務を担当。電力、デジタルメディア、情報部門の人事業務を担当後、2003年から本社で処遇制度改革を推進。05〜09年、米国に本社があるHitachi Data SystemsでHR部門 Vice President。12年、本社にて人財統括本部 担当本部長兼グローバルタレントマネジメント部長に就任。14年4月より現職、香港に赴任。

日立が推進する人事マネジメントの大変革

事例研究

　変化というのは大変です。最近の行動経済学の研究によると、「"リスクを嫌がる気持ち"というのは、"利益を好む気持ち"の倍くらい強い」といわれています。
　得することの喜びより失うことへの抵抗のほうがはるかに大きいというのです。だからこそ、何かを変えようとするとき、プラスの要素がマイナスの要素の倍くらいなければ組織は動かない。これが前提だと思います。
　私は、日立製作所に入社して30年来、人事関係一筋でやっております。2003年に「50年続いた年功序列の人事制度をぶっ壊せ」といわれて、新しい人事制度構築を２年間でやり遂げ、2005年にはアメリカ・シリコンバレーに本社のあるHitachi Data Systems Corporationに赴任し、HRのVice Presidentになりました。世界40カ国に約4,000名の従業員がいる会社であり、そこでグローバルオペレーションを経験したのです。４年後に帰国してからは、情報通信システム社のソフト総務部長、2012年から本社でグローバルタレントマネジメントを担当しています。

　さて、弊社は社長の中西宏明※の下、イノベーション、グローバル、トランスフォーメーションの３つを柱に、事業を進めています（次ページ図参照）。
①サービス事業を強化してイノベーションを実現すること
②社会イノベーション事業をグローバルに提供し成長すること
③業務をグローバルに標準化して変化に迅速に対応する経営基盤を確立すること
　これら３つの大きな課題に取り組んでいます。
　我々HRのミッションは、「人財と組織を通じた事業への貢献」、ビジョンは「ワールドクラスの人財部門になる」です（39ページ図参照）。
　グローバル事業、社会イノベーション事業を牽引するために我々HR自身に求められることは３つあります。

Note

※ 当時。2014年4月1日から会長兼CEO。

Check Point
何かを変えるには、プラスの要素がマイナスの要素を大幅に上回っていなければならない。

日立の目指す姿

2015中期経営計画 —成長の実現と日立の変革—

- **イノベーション**：サービス事業を強化しイノベーションを実現
- **グローバル**：社会イノベーション事業をグローバルに提供し成長
- **トランスフォーメーション**：業務のグローバル標準化と変化に迅速に対応する経営基盤の確立

日立グループ・ビジョンの実現

社会・お客様

Business to Society / Business to Business

社会イノベーション事業
- 社会・お客様が抱える課題を共に見出し、"One Hitachi"で解決
- プロダクト、サービス、IT（クラウド）を組み合わせたソリューションによりイノベーションを実現

1つ目はグループ・グローバルな人財マネジメントへの移行、つまり従来の日立製作所単体あるいは日本国内という発想を超えてグローバルで共通なマネジメントを実行していくということ。

2つ目は日本の組織文化改革。グローバル問題とはいっていますが大抵の場合日本特有の問題のため、日本の組織文化を変えることが必要と考えています。

3つ目は人財部門の役割改革で、自分たち自身が変わっていき、そして組織を変えていくということです。

日立では2011年夏から「ワールドクラスの人財部門をつくる」というビジョンを掲げ、グローバル人財マネジメント確立に取り組んでいます。私は当初からこのプロジェクトのメンバーに入っていました。

自分たちの立ち位置はどこかと考えたとき、日立の人財部門は、日本国内ではそれなりにリスペクトされているかもしれませんが、グローバルでは左下25パーセンタイル

Note

グローバル人財戦略 基本方針

ミッション　人財と組織を通じた事業への貢献

ビジョン（ゴール）　ワールドクラスの人財部門

事業の方向
- グローバル事業の拡大
- 社会イノベーション事業の成長加速

人財部門に求められること
- グループ・グローバルな人財マネジメントへの移行
  （国、地域を超えた人財活用の最適化と効率化の追求）
  グループ・グローバルでの人財把握、マネジメントの仕組みを保持・活用
  グローバル共通、地域共通、各社独自の組み合わせによる人財マネジメントの実現
- 日本の組織文化改革
- 人財部門の役割改革

（次ページ図参照）ぐらいだろうと考えました。それを2015年までに右上90パーセンタイルあたりにまで引き上げたいと考えています。そのためには、グローバルデータベースの活用、グローバルプロセスとポリシーの浸透、ガバナンス、スケールメリットの極大化、タレントマネジメント、チェンジマネジメント、トータルリワードの実現など、さまざまな取り組みが必要です。

日立では、やらなくてはならない施策を3層に分けました。グループ・グローバル共通でもたなくてはならないもの、その国の法律によって決まる年金・健康保険などのベネフィット関連など国・地域で特有のもの、事業固有のもの、それが各々どれくらいあるのかをこのモデルで分けていきました（41ページ図参照）。

また、実行部隊となる我々HRは、どうしても日本からの発想で海外を考えがちです。もしくは個別経営の発想でグループ経営を考えてしまうのです。この体制をまずは見直

Note

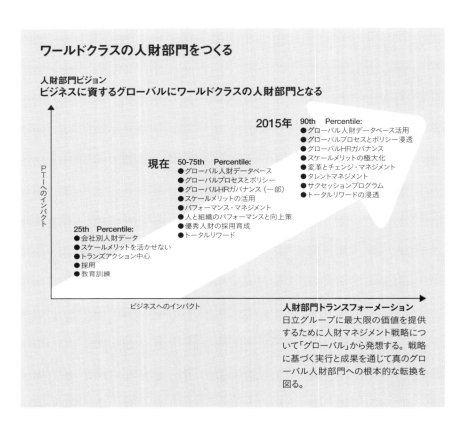

すことにしました。つまり我々はグループ・グローバル本社になると決断したのです。グローバルHR部隊をコーポレートの本社として位置づけ、日本をアジア・中国・アメリカ・ヨーロッパ・インドと並ぶ6極の1つとして位置づけ、組織をつくり直しました。日本のことを扱う機能と本社機能を分けたのです。まずはグループ・グローバルで方針を出し、それに基づいて各リージョンで方針を決め、そして各社で方針を決めるというプロセスに変更したのです。

具体的な施策としては、まずコアバリューを徹底する取り組みを行うとともに、基

Note

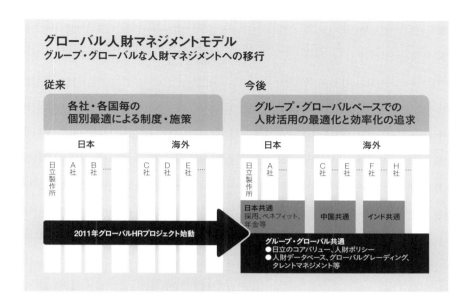

盤づくりを進めました。2012年度末までに25万人分の人財データベースを完成させ、マネジャー以上約5万人のグレーディングの格付けをグローバルに実施しました。また、採用についてもグローバルに活用できるベンダーとグローバル契約を締結したり、採用手続きを効率化する共通アプリケーションを導入したりしました。

日立には960社もグループ会社があるため、たとえば中国へ進出することになれば、各社それぞれが事業展開を始めます。現在中国には約160社が進出していますが、採用や制度づくりをそれぞれで行うなど非効率な状態が生じます。そこで、重点地域とされるインドネシアやブラジルなどには、我々HRが各社が動き出す前にその地域へ入り、採用や給与制度などを予め準備し、事業会社が進出してくるタイミングに合わせてそれらのツールを提供しようとしています。

グローバルな適材適所を実現するためのタレントマネジメントは、既に開始しています。また、パフォーマンスを最大化するために、グローバル共通のパフォーマンスマネ

Note

Check Point
採用手続きを効率化する共通アプリケーションの導入。

ジメントを入れると決断しました。2013年にパイロットを実施し、2014年には４万人を対象にします。グローバル経営研修、グローバル共通管理者研修もグループ全体でグローバルに実施しようとしています。

エンゲージメント強化については、トータルリワードのポリシーを決めるとともに、グローバルに従業員サーベイを実施しました。今回、対象者が19万人、回答者が14万人でしたので、おそらく世界最大規模の従業員サーベイではないでしょうか。

ただ、実際に手がついていないところもあり、ワークフォース・プランニングは初歩的なところですし、OD（組織開発）はほとんど手がついていない状態です。グローバルなリワードも統一には程遠く、事実確認の段階です。こうした各種施策を実行して、最終的に人財と組織で競争優位を築いていこうと考えています。

しかし、グローバルな環境において、我々は経験が足りないと思っています。ただ、この方向しかないということは実感しており、そこにどうたどりつくかが自分たちの課題です。実は、こうした取り組みは、1990年代後半から欧米の大企業が既に始めており、2000年代半ばにはある程度完成形ができています。欧米の大企業から見れば、我々はその１周遅れくらいのランナーのようなものです。だからこそ、一刻も早い完成を目指して全速力で走り続け、グローバルに戦えるレベルに到達しなければならないと思っています。

あなたが得た理解と気づきは？

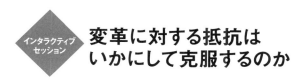

変革に対する抵抗はいかにして克服するのか

インタラクティブセッション

迫田氏が語る日立の変革は、
グローバル人材の育成を考える理想的なモデルケースとなり、
「自分事」として受け止めた参加者からもさまざまな質問が飛び出した。
特に仕組みをつくり替える際に生じる抵抗、そして、その克服方法に関心が集まった。

参加者A グローバルヘッドクォーターの人事という考え方ですが、ある日突然グローバルヘッドクォーターになるといっても、そこで働く人々の意識は容易に変わらないと思います。意識変革を促すために効率性は悪くても、あえて場所を分ける企業もありますが、いかがでしょうか?

迫田 完全に整理はされておらず、まだ同じ建物、同じフロアにおりますが、2013年から人材と名称を明確に分けました。グローバルヘッドクォーターのメンバーは、世界中から30名ほどを集めて中核をつくりました。海外拠点にいる者を含め、外国人も数名入っており、オペレーションの公用語はもちろん英語です。

高津 仕組みはつくったものの、抵抗があり機能しないのではないか、という問題意識ですね。

迫田 そのあたりは、社長の中西※とともにグローバルに3万人規模の会社でHRトップを務めていた人物が、グローバル人財プロジェクト全体のリーダーとなり、彼が個々の施策を動かせる人財を全社から集めてきました。私もその中の1人です。同じ時期に米国の会社でHRをやっていたので、「こういうオペレーションでないとグローバルに人財は使えない」ということはおおよそわかっていたつもりです。

高津 グローバルヘッドクォーターが、日本の人事に対してモノ申す形になりがちではないかと思いますが、いかがでしょうか。

迫田 ずっと軋轢はあると思います。「そうはいっても日本は違うんだ」という主張も、我々HRも会社生活をずっと日本でやっているので理解はできます。従業員の理解を得る難しさもあります。「それでもやってくださいね、統一すべきものは統一する、やるべきことはやる」といっています。

参加者B ガバナンスについてお伺いします。グローバルヘッドクォーターというのはHRに限ってということでしょうか?

※ 当時。中西宏明・現日立製作所会長兼CEO。

迫田　いずれの職能、機能もその対象となります。HRが先行して自分たちが変わる姿を見せながら、他部門に影響を及ぼしていこうと考えています。

参加者C　国内と海外、事業部別でも異なると思いますが、グローバル人材マネジメントについて、共通部分と独自部分をもう少し具体的に教えてください。

迫田　コアバリューやジョブグレードは当然共通にできるし、やろうと思えば、できないものは実はそれほど多くないと思います。報酬水準のベンチマークがあれば、ローカルマーケットの中で競争優位性をもつ金額を決めることができ、その仕組みやツールも共有することができます。共通部分の拡大については、まずは規模を活かしてコスト削減するほうに向けようと考えています。ベネフィット関係では、グループ会社を集めて保険会社と一括交渉し、保険料を下げるプランを進めています。日立ではこれまで各社の自主性を尊重したグループ運営をしてきたので、たとえば給与制度が会社ごとに違い、百何十通りも存在しました。その違いはグローバルレベルで考えるとわずかな差であり、統一できないものではありません。小さな差にこだわるよりも、いっそのこと乗り換えたほうが全体としては効率がいいという共通認識で取り組んでいます。

若手社員の人生観すら変える
海外派遣プログラム

高津　やってみてはじめて、統一できることが多いとわかった、ということですね。しかし、給与制度が百何十通りもあれば、制度変更によって不利になる人も出てくるはず。抵抗もあるでしょう。それでも封じ込める、抑え込むということはそれだけ制度変更のメリットが大きいということでしょうか？

迫田　ラインのビジネスリーダーにはまず、「コストが下がります」というアピールをします。ある程度それを見込めば、大きな変動を生じさせない制度設計はできると考えて

Note

います。日立グループはこうなるのです、とリーズナブルな理由を説明すれば、大抵の場合理解を得られます。

参加者D　これからの若手のグローバル人材の採用と配置についてお伺いします。

迫田　グローバルで仕事をするということを前提に置いていますので、「グローバル人財を採る」という宣言をして以来、TOEICの平均スコアが100点ほど上昇したようです。また、2011年からスタートした若手の海外派遣プログラムは、年間1,000名出すという目標を決めており、30歳手前の業務経験のある層の中から優秀と思われる人財を新興国へ派遣しています。70種ほど用意したプログラムの中から、各職場で誰をどのプログラムに送るかを決めてもらいます。たとえば、フィリピンにおいてプロジェクトマネジメントを英語で勉強するというプログラムや、あるいは海外のグループ企業での研修。さらにはNPO・NGOに派遣すると、「この国のために何ができるのだろうか」「人生観が変わった」という者もいるなど、よい刺激を受けているようです。

高津　留学生や研修生を海外へ送り、新たな意識や能力を得て帰国したものの、上司は以前と変わらず、しばらくするとディモチベートして転職してしまうというケースが、かつてはよくありました。しかし、日立ではグループ全体でグローバルや国際展開の意識が高まっているため、そうしたことは問題になっていないというわけですか？

迫田　グループ全体で完全にグローバルの流れはできていると感じ、そうした環境の中で自分たちは何をしなくてはならないのかを考えるようになってきていると思います。

門戸を開いた途端に通じなくなる
日本企業ならではの「阿吽の呼吸」

参加者E　メーカーはあくまで団体戦ですが、プロ野球の個人契約のように、個人のポスト・役割を評価して、重点投資する方向へ向かうのも時代の流れと認めざるをえないのでしょう。しかし、こうした実力主義・成果主義へのシフトが本当にこれからの新しい日本の産業を支える人事・HRの本質といえるのか、正直疑問を拭えません。日本企業に本当に馴染む人事評価制度は、実力主義以外の要素も無視できないのではないかと痛切に感じています。

迫田　日本の企業がこれまで育んできた仕組みというのは、非常によくできていて、みんなの力を合わせて先進諸国に追いついていくという段階では機能しました。ただ、長

く一緒に働いてお互いの気心がわかる者同士ならいいのですが、門戸を開いて海外の人と一緒に働こうとした瞬間に「阿吽の呼吸が通じない」ということは明白です。日本人だけで戦わないと決めた以上、他の人に通じるロジックで話さなければなりません。共通語は大抵英語になるわけですが、言葉の問題というよりも考え方の問題ですね。相手がわかる言い方、ロジックで話し、伝えようと思わなければ伝わらないのです。

　私は、アメリカで仕事をしているときにこのことを痛感しました。日本本社から送られてきた書類、もちろん英語に翻訳されていますが、どんなにうまく訳していても、彼らの頭の中に落ちるロジックになっていないので、全く理解されないのです。

　たとえばObjective（目的）がきちんと定義されているかどうか、そのときのMetrics（成果指標）は何か、しっかりGoalまで決め、プロジェクトのScope（何をどこまでやるか）を定義しないと、アジア圏の人でも理解できないのです。前述のグレーディングも同じです。イスの値段を計るというのは、日本人にとって辛いことのようです。困難な話かもしれませんが、それをやらなくてはならない。

　しかし、一方では、日本人らしい「頑張る」や「力を合わせる」ということをやめるわけではなく、使い分けを考えていかなくてはと思っています。従って、グレーディングと合わせてやっていることは、コアバリューのトレーニングであり、従業員サーベイです。あなたは会社のためにどれだけ頑張ってくれるのですかというエンゲージメントを高めていく取り組みです。

長期的視点での
育成が課題

高津　戦い方が変わったのだから、道具も替えればいいではないか、という話ではありますが、その道具に人々は愛着があるわけです。それを替えていくことはとても難しいことだと思いますが、皆様はどのようにお考えになりますか？

参加者F　一番難しいと感じるのは、育成です。弊社ではグレーディングやコンピテンシーをつくり、またグローバルに理解されています。ただ、成果をどこに見るかということが一番理解されません。人づくりというのは1つの柱ではありますが、海外では原因と結果を割と短期で見ているのに対して、日本では5年後、10年後に花が開けばいいんだという長期的な考え方がありました。

　その違いが制度の中に反映されていない、つまり、いますぐ成果が出ない育成に対し

て相当な時間を割いているのに、コンピテンシーやグレーディングで要求される項目は、部下の育成によって出た短期の実績で評価されてしまうように見えるのです。日本人は本音と建前の使い分けができるので、長期的な人材育成のような目に見えない部分にもうまいこと取り組んでくれるのですが……。

40代のリーダーを輩出しなければ
グローバルでは戦えない

高津 人材育成のように息が長い、つまり投資をした時点から回収をするまでの期間が長いものは、自分がマネジャーをやっているうちに成果が出ないかもしれない。しかしやらなくてはならない。そこを日本人は運用でうまくやってしまうが、短期間で成果が出ないものは評価されない、という制度になると時間がかかるものにはきちんと取り組まない人が出てくるのではないかという危惧ですね。

迫田 その心配はないように思います。優れたリーダーになっている人はやはり育成も熱心ですし、社内のグローバルリーダーを眺めてもそういう人が多いように感じています。また、その熱心さがないとリスペクトされないし、人がついてこないですよね。

参加者G 私はグローバルに展開する会計事務所に勤めています。コンピテンシーはグローバル統一です。いわゆるコンサルティング業界はどの国でも転職が多いのですが、会計事務所は新卒で入ってパートナーに上り詰める人が多いのが特徴です。そうした環境でどのようにパートナーに上り詰めるか、また全員がパートナーになり長きにわたって繁栄させるにはどうすればよいのかがコンピテンシーに織り込まれています。しかし、言葉としては同じように理解しているつもりなのに、それをプラクティスするときが問題です。日本社会では、30代のコンサルタントが60代の社長に向かって偉そうにモノ申すことができない環境ですから、そもそもじっくり育てるということがベースにあります。一方、欧米では、同じコンピテンシーに基づいて３年ごとの昇進を意識して育成するため、30代前半でパートナーになることがある。同じ明文化されたコンピテンシーであるのに、たとえば中国では３年で次のステップに上がれない人はダメだというレッテルが貼られてしまうのです。

迫田 日立は世の中の基盤となる社会インフラ事業をやろうとしているので、技術面は特に長期的な視点をもつ必要があります。電力事業のような長期にわたる事業は、人財

や技術を保持し続けなければ、ビジネスとしてもたないのです。

参加者H　グローバルにおける競合企業となるGE※1やABB※2も同じように長期的視点での育成なのでしょうか？

迫田　アメリカ社会でも葛藤があります。かつてシリコンバレーでは、育った人を金で釣って採用すればいいではないかという風潮が拡がり、その結果として育成損のようなことが起こり、ある時期教育投資額が大きく減ったと聞いています。しかし、会社として誰も育てないのはよくないという機運が高まり、いまでは長期雇用を考える動きが出てきています。かつて私が所属していたアメリカの会社では、ほとんど経験者採用でした。しかし、Hewlett-PackardやCiscoで働いた経験をもつHRメンバーは、新卒が採用できる会社になりたいとよくいっていました。経験者採用では、経費も給与も高いからです。自前で新卒を採用し、育成をすることで、結果的に人件費が抑えられるのです。

　ただ、昇格スピードの考え方はどうしようもないところがあります。日本では何とか50代半ばまでに社長を出したいと考えていますが、GEなど欧米の会社では40代半ばでCEOに就任しています。いったい何が違うのだろうと考えますと、日本では、人を長期で育てるといいながら、あまりプレッシャーを与えず育てているのではないか。どこかに無駄があるのだろうと思っています。いままでのやり方がすべて悪いとはいいませんが、40代半ばまで雑巾がけのような仕事をやっていては、リーダーは育ちません。グローバルで戦うならば、40代のリーダーを数多く輩出することが必要です。

日本人の弱点は「やり抜く意識」の甘さ

参加者I　かつての私の上司は外国人で、「自分が受けた仕事を最後までやりきれるかどうかで、次の評価が決まる」という意識を強くもっていました。顧客にコンサルティングを提案して、たとえ経験がなかったとしても、「できるか」と聞かれてその場で「できる」と答えられるかどうかが重要です。

迫田　やり抜く意識は確かに違いますし、日本人は甘いと思います。外国人のプロジェクトマネジャーは、「日本人はよく人も足りないし予算もないと言い訳をする」と指摘します。しかし、そんなことはプロジェクトが始まる前にわかっていたことで理由にならないのです。日本人はリソースを制約条件として受け止め、変えられないものと認識していますが、海外では約束したことをやり抜かないとクビになると思っており、リソー

※1　ゼネラル・エレクトリック。米国の大手インフラ企業。　　※2　スイスに本社を置く多国籍企業。

スが足りないと判断すれば、当然交渉します。ここで合意できなければ、結果を約束しません。従って、処遇結果のフィードバックをアメリカ人マネジャーはよくやります。一方で日本人マネジャーは育成が大事といいながらも実施率は極めて低く、やったつもりになっています。結果を伝えただけでは受けた側はわかりません。

高津　日立という会社は、特に国内外の理系人材に対して圧倒的な採用力をもち、日本で非常に優秀なエンジニアたちを集めて、そこでさまざまな製品を発明し、世界中に売る商売を長年やってきました。でもそうではなくて、自分たちは本当に社会インフラをつくっていくのだ、本当に世界のメジャープレーヤーになっていくのだという、ある意味革命的な意思決定をしました。それはいままでやってきたやり方を見直さなくてはいけないことを意味します。

　しかし、日本のやり方とグローバルなやり方というような二分法で単純にとらえてしまいがちなのですが、もう1つ考えなくてはならないのは、日立という会社は世界の社会インフラをつくるというビジネスにおいて価値あるプレーヤーになろうとして、そのために長期的にビジネスを育んでいく、ビジネスの種を育てていく、技術開発もするという視点が求められるということです。もちろん適当な時期に刈り取ることも必要です。

　そうした生業や方向性に合った形で人事の仕組みをつくっていくだろうし、そのメッセージを発信することでそれに共感してくれる人たちの働く場になっていくのだろうとあらためて感じました。

2014年1月28日に行われた「第7回 地球人財創出会議レポート」の内容を再構成

あなたが得た理解と気づきは？

第 2 章

価値観を伝えよ!
―コミュニケーション力

多種多様なバックボーンをもつ人々との
協働が不可欠なグローバルなビジネスシーン。
そこで重要となるのが、いかにして自らの価値観を伝えるか。
地球人財に求められるコミュニケーション力とは?

糸木公廣
シンクグローブ・コンサルティング代表

古森 剛
株式会社CORESCO代表取締役、
マーサー ジャパン株式会社
シニア・フェロー、
一般社団法人はなそう基金代表理事

有沢正人
カゴメ株式会社執行役員
経営企画本部 人事部長

海外赴任者マネジメントにおけるHRの役割とは

グローバル化が加速する中で、
海外赴任するビジネスパーソンは
増加の一途をたどっている。
その海外赴任者に求められる資質とは何か。
資質を十二分に活かすために、
HR部門を含めた本社側が果たす本質的な役割とは何か。
世界を代表するエレクトロニクスカンパニーで20年間、
9カ国の海外赴任を体験している
シンクグローブ・コンサルティング代表の糸木公廣氏に
長年の経験則に基づいた話を聞くとともに、
HRの現場にいる参加者との
熱い議論が交わされた。

糸木公廣
シンクグローブ・コンサルティング代表

1981年北海道大学工学部卒業後、東芝を経て90年ソニー入社。93年から約20年間にわたりアジア、欧州の9カ国に赴任。その間ハンガリー、ベトナム、韓国の3カ国で販売会社社長、欧州本社マネジメントなどを歴任。現地法人の設立・経営、工場経営、合弁と工場の閉鎖などを経験。2012年8月退社し個人事務所設立。著書にこれまでの海外駐在体験をまとめた『日本人が海外で最高の仕事をする方法』（英治出版）がある。

HR部門は、海外赴任者の最強のサポーターたれ

問題提起

今日は、海外赴任者として技量や専門能力があっても、結局は本人の現地との向き合い方がその赴任の結果を変えるということについてお話しします。

私がソニー在籍時に9カ国の海外赴任経験から学んだことは、文化の違いはどうあれ、結局は、信頼関係の構築がすべてに優先しているということです。

最初の赴任国であるインドでは、現地の代理店社長から「お前なんか日本に帰れ！」と怒鳴られたこともありましたし、欧州では大きなプロジェクトで失敗した経験もあります。そんな苦い経験も経て、ベトナムでは工場閉鎖も含むビジネスモデルの変革や、韓国では厳しい状況にあるビジネスの回復と社員の士気高揚といった難題に取り組み、解決することができました。

約20年に及ぶ海外赴任期間の前半でうまくいかないことがあったのは、「本社ばかり見ていた」「思い込み」「文化の違いで、不都合なことに耳を傾けなかった」ことに原因があったように思います。一方、後半になってうまくいったのは、「現地の文化に入り込んだ」「自分のことや自分の価値観を可視化して現地の人の心に届くようにした」ことがよかったのではないかと考えています。つまり、心をオープンにし、現地の状況に目を開き、耳を傾けることが何よりも大切だということです。私が行っている海外赴任者研修では、「5T」と「5R」というモデルで説明をしています（次ページ図参照）。

初級の赴任者には、現地の人間関係において、掴み（Tsukami）、培い（Tsuchikai）、伝え（Tsutae）、創り（Tsukuri）、繋ぐ（Tsunagu）の5Tが重要になります。

一方、拠点責任者となると、求められる対応力には別のものも必要になります。すなわち、Human Resources（社員の目標・評価・育成）、Employee Relation（勤労条件・組合対応）、Public Relation（メディア・コミュニティ対応）、Corporate Social Responsibility（企業の社会的責任の履行）、Risk Management（危機・危険の予防と対応）の5R

Note

赴任期間でなすべきこと

赴任者の"5T"
- 掴み　実情を把握する
- 培い　信頼関係を築く
- 伝え　理解し、納得させる
- 創り　結果と仕組みを創る
- 繋ぐ　連携し、継承する

拠点Topの"5R"
- HR　Human Resources
社員の目標・評価・育成
- ER　Employee Relation
勤労条件・組合対応
- PR　Public Relation
メディア・コミュニティ対応
- CSR　Corp. Social Responsibility
企業の社会的責任の履行
- RM　Risk Management
危機・危険の予防と対応（災害・疾病・消費者問題etc.）

です。

　海外赴任というのは、本国とは違う「人・文化・環境」の中に落下傘部隊のように入っていくようなものです。時間に追われ、十分な後継者育成もできないし、"本社の権威"に距離を置く現地の人がついてこないといった制約もあります。しかし、そのような中だからこそ、赴任期間がどのような展開になるかと俯瞰し、本社から与えられた権威を、むしろ現地へのサービスとして使い、果敢な権限移譲を意識する必要があります。

　ところが、本社からは、サービスや商品だけでなく、会計や人事のスキームの共通化を求められます。一方で、現地に溶け込んで仕事をすることは、現地最適化、ローカル化を意味します。

　この共通化と現地最適化は、相当な軋轢を生みます。本来は、現地最適化の集積がバランスよく共通化と馴染んでいくのが理想ですが、力関係からすれば本社が強いので、どうしても共通化に押されがちになってしまいます。この点は十分に頭に入れておかなくてはなりません。

　では、不安を抱いている海外赴任候補者に対して、前向きに赴任をとらえてもらうにはどうしたらよいでしょうか。

　初赴任で不安をもつ人にはまず、赴任がどのようなものであるかをわからせてあげることが大切です。赴任期間をトンネルになぞらえてみます。トンネルには奥行きがある

Check Point
海外赴任者に必要な「5T」と「5R」。

Check Point
日本との共通化と現地最適化の間で生じる軋轢。

Note

のですが、入り口に立っていると中の暗さしかわかりません。これを横向きにしてみたらどうでしょうか。

　トンネルの奥行きにあたる赴任期間を、上の図のように、私なりに分類してみました。
　入り口（赴任当初）からある一定期間は順応期、その後は実際に仕事をする展開期で、そして最後は仕上げ期になります。
　先ほどの5Tにあてはめると、順応期は人の心を「掴む」、順応期から展開期にかけては人間関係を「培う」、そして、本社の意思・考えを「伝え」、成果を「創り」、仕上げ期はその成果を「繋ぐ」となります。
　赴任者の送り元である事業部門からすれば、「伝え」「創る」のところ、つまり早く方針を「伝え」て、早く成果を「創り」出してくれ、というのは当たり前です。しかし、人も環境も習慣も違うのです。従って、「本社からこういわれているから、こうやれ」と指示しても、うまくいきません。それでも本社からは「早く成果を出せ」といわれます。事業環境を踏まえれば、いたずらに時間をかけ続けることはできません。
　ではどうするのがよいのでしょうか。それには、予め日本にいるときから「掴む」「培う」の取り組みへの認識と準備をしておき、「伝え」「創る」の時間を最大化するのです。それが赴任者の時間の価値を最大化することに繋がります。

Note

Check Point
着任してから離任するまでのロードマップを作成。

また、本人は離任時のこと、つまり「繋ぐ」ということまであまり考えが及びません。ある赴任者が一生懸命頑張って最大限のことをしても、仕組みやノウハウを現地に残して次の人に繋げていかないと、結局は箱だけ残る状態になってしまいます。その人が離任してしまえば機能しなくなり、業績は落ち込み、「前任者はよかったけど」という話になってしまいます。現地の人に、「後任者がまた違う方針を出している」と不信感をもたらし、「それなら、別の会社へ移ろうか」となってしまうのです。人材確保のためにも、この「繋ぐ」という点は非常に大事です。

　このように赴任というものを俯瞰してとらえ、その意味を深く知ることで、不安が払拭されるだけでなく、前向きに、計画的に取り組む契機にもなるのです。

　では、具体的に何をすればよいのか。①現地を知る、②自己開示の大切さ、③相手に合わせて伝える（比喩や象徴なども用い）、という３つがポイントです。それに沿って、事例を交えながらお話ししていきます。

【現地を知る】

　これは、難しいことをする必要は一切ありません。その国の人たちが当たり前にやっていることを楽しみながらやってみることです。私は、韓国では食を究めることに取り組みました。ベトナムでは、カラオケを現地語で歌い、インドでは年間50本くらいのインド映画を見ました。

　アジア諸国では旧正月の期間は休みとなり、日本からの赴任者は一時帰国する人が多いのですが、私は毎年残り、お客様の家に行ったりして、その国の習慣に従うことを旨としていました。その国の伝統文化や家族関係を見るには最もふさわしい時期だからです。年明けには、見聞きしたことをブログに書いたり、年明けの会で発表したりするのですが、現地の人からは「自分たちの文化を理解しようとしていたのか」と驚きの反応が返ってきたりします。そんなときは、人間関係のギアが１目盛り、カチッと動いたような気がしました。

Check Point
現地の人を理解することで人間関係のギアを上げる。

Note
……………………………………………………………………
……………………………………………………………………
……………………………………………………………………

社内では英語が通じるため、現地語は必須ではないのですが、文化理解の一環として現地語を勉強することも必要でしょう。韓国の販売会社にいた頃は、朝6時半に韓国語の先生に会社に来てもらって勉強していました。

　ビジネスの展開期に入っても、現地を知ろうとする姿勢はとても重要です。その姿勢をもっていると、現地の人も気づいていないことに気づくことがある。現地の人がよく知っていることでも、こういう見方はできないか、こういう考え方はできないかということができる。現地に入り込もう、溶け込もうとする姿勢があればこそ、気づいて教えることができるのです。
　ベトナム赴任時の話ですが、商品の機能や性能には一切触れないCMをつくったことがありました。ベトナム人が懐かしいと思うような、田舎の美しい風景映像を流し、心の琴線に触れるストーリーの作品でした。ベトナム各地を訪ね、現地語を学び、さまざまなベトナム人と出会ってきた私には、「これなら必ずターゲット層の心をつかめる」という確信がありました。しかし企画当初は、CMの常道を外れたものだったので、本社はもとより広告代理店にも大反対されました。
　それを納得してもらって、やった結果は大成功でした。商品の売り上げは想定より大幅に伸びて、競合他社にも勝ち、関係者の期待を超える結果となりました。しかも、店頭アンケートでは、「このCMを見て商品の性能がよくわかった」「祖国の風景がすごく綺麗だった」という回答に続き、「ブランドに対する尊敬が高まった」という回答が3位となっていました。商品の名前は100回も連呼すれば覚えてもらえますが、ブランドの尊敬というのはなかなか獲得できません。これは、現地に深く入り込み、現地の人の琴線にも触れようとする努力を積み重ねたからこそ成功した事例といえます。
　では、現地の人をどのように理解していけばよいのでしょうか。
　私は一時、タウンミーティングの実施なども考えましたが、伝えることと聞くことを同時にやろうとすると虻蜂取らずになりかねません。ときには、伝える場と社員の意見を聞く場を分けることが大事だと考えました（次ページ図参照）。

Note

Check Point
伝える場と意見を聞く場を分ける。

Active Listening（傾聴）〜相手をとことん知るために〜

コミュニケーションの役割とは
❶ 伝える・話す
❷ 受け取る・聞く
❸ 関係を築く・楽しむ

同時にできれば一番よい ………… 対等な関係ならば可能
場を分けたほうが効率が高い ………… 上下関係、権威の差がある場合

- 権威ある人の前では相手は本音を話さない
- 聞くよりも話をする側により達成感・満足感がある
- 自分の意見に耳を傾けてくれる人に親近感をもつ

➡ 学ぶために、築くために聞くことに徹する場を設ける

　やはり、現地の人にとって赴任者は遠い存在なのです。その人間が何かを強く伝えようとすればするほど、向こうは受け身の聞き手に回ってしまい、本音をいわなくなります。しかし、赴任者が聞くことに徹する場を設けると、非常に効率的に現地の人を知ることができます。現地文化と向き合い、現地社員の話を傾聴する。そんな姿勢が彼らの心を知る上でも、そして信頼関係を築く上でも大切なのです。

　上下関係に対する意識が強い韓国では、不満があっても率直に口に出さない若手社員の心を探るために、積極的な傾聴姿勢で接する「アクティブ・リスニング」の機会を最大限設けるようにしました。200人を超える若手社員を小グループに分け、2カ月間で30回近くの飲み会を繰り返しました。

　ただ飲むのではありません。彼らの声をもれなく公平に聞けるように、人事施策として取り組みました。

　聞くことに徹し、基本的には諭したり反論したりは一切しない。すると、最初は遠慮

Note

がちだった彼らが、次々と意見をいってくるのです。

　それをメモに書き留め、リスト化し、実現できることはすぐに実行しました。彼らの生の声を吸収できただけでなく、信頼関係の醸成に大きく役立ったことはいうまでもありません。

【自己開示の大切さ】

　オランダに赴任していたときの話です。オランダの家は窓が大きなつくりになっています。ある日、隣家のご婦人が私の家にやってきて、「あなたの家はいつもカーテンを閉めているけど、開けておいたほうがいいわよ」というのです。

　厚いカーテンは開けてはいますが、確かにレースのカーテンは閉めている。日本では普通の感覚ですが、そのご婦人によると、「オランダでは、カーテンを閉めていると何か悪いことをしていると思われかねない」というわけです。

　このカーテンのエピソード、実は、海外における日本人の姿に少し似ているのではないかと思うのです。日本人は、誠実でまじめな民族ですが、海外の人からすると、どうもよく見えないところもある。それは自分自身に薄いレースのカーテンを引いているからではないのか。日本人はそれを礼儀や慎み深さだと考えていますが、海外の人からすると、どうもそれがよくわからない。

　カーテンを開けて、現地の人と向き合うことが大切だと思います。すなわち、自己開示です（次ページ図参照）。本社から来た赴任者に対しては、現地人は好奇心や、場合によっては疑心暗鬼を抱くものです。そんな人たちと真正面から向き合い、自分を知らせること、それがいち早く関係を築く近道なのです。

　海外で十分な意思疎通をはかるためには、英語力がカギを握ることは確かですが、英語が堪能でなくても、海外赴任しなくてはならない人がいるのも現実です。

　英語が得意でないと、自己開示を避けてしまいがちですが、実は英語が得意でない人こそ自分をさらけ出して、この人の話なら聞いてみたいと思わせるべき。つまり、語学力もさることながら"相手が話を聞きたくなる関係"をつくることが大事だと思います。

Note

....

....

....

Check Point
相手が話を聞きたくなる関係をつくる。

自己開示をする

親しみ・敬愛感を醸成するには	❶相手をよく知っている ❷相手に一定の同一感をもつ ❸自分に対して好意的であると知る

自分とは別格と感じる・・・・・・・・・・・・・・・・・ 権威、執務環境、経歴
距離感、非親近感・・・・・・・・・・・・・・・・・・・・・ **よく知らない、個人感のなさ**

- 人の心理"開示返報性"による信頼醸成
- 人となりを知ると、日々のメッセージへの理解が深まる
- "その国志向"が見えると敬愛度が大きく高まる

➡ 個人としての自分を自己開示する

【相手に合わせて伝える(比喩や象徴を用い)】

　海外では、現地社員やビジネスパートナーに会社の方針やビジョンなどを説明する機会が多々あります。私はそのようなとき、なるべく比喩を活用するようにしています。

　言語はもとより発想の仕方も異なる人たちには、彼らが親しんでいる何かにたとえて伝えるとよく理解してもらえ、心にも残りやすいものです。私は日々、自分の思いを伝えるのにふさわしい「たとえ話」をよく探していました。特に、現地の文化に関連づけたものは効果的です。彼らから見て、外国人が現地の文化を題材にして自身の思いを語るというのは、とても興味をそそられることです。

　韓国にいたとき、変化することの大切さを伝えるために、韓国のある有名焼酎ブランドの変遷を比喩として使ったことがありましたが、これなどは1年たっても覚えていてくれました。

　さて、送り出す側であるHRを含めた本社は海外赴任者に対して、どのような支援が

Note

できるのでしょうか。

　現地人は、新任の外国人赴任者に対して先入観があります。赴任者はそんな現地の人々に向き合い、入り込んでいかなくてはなりません。着任して1～2週間以内に自分の考えやおおよその方向性を示す必要がありますが、実はこれは赴任前に準備できることです。赴任前に用意していた言葉を棒読みするだけではなく、わずか数日でも現場で感じた自分なりの空気感を伝えることで、現場感を大事にしていることが伝わります。家や車などは着任早々にパッと決め、現場の空気を知ることに時間をかけるべきです。

　また、赴任した直後の3カ月間はとても大事です。国を知り、文化を知り、人を知ることに十分に時間をかけ、本社方針とすり合わせながら、現地で実現可能な具体的な方向性を示さなければなりません。不安と好奇に満ちた現地社員にビジョン（≒帰任時に何を残すか）を心に残る表現で伝えることが大切です。送り出し側でもその点をガイドしてあげられたらよいと思います。

　次に、海外赴任者に求められる資質、能力とはどのようなものがあるでしょうか。
　本社HRが果たすべき役割をここであらためてまとめると、次のようになります。

①違いと向き合える人を育てる
②赴任国を好きになるように鼓舞する
③彼らの人生における赴任経験の意義を気づかせる
④関係構築の秘訣を教える
⑤効果的なコミュニケーション手法を教える
⑥自己開示に取り組み、自分の権威を脱ぎ捨てるよう働きかける
⑦現地志向とグローバル志向、部分最適と全体最適のバランスを理解させる

　実際の現場での伝え方やビジネスのつくり方に関しては、赴任者の送り出し元である事業部門がひと通り教えてくれますが、先にお話しした「掴む」「培う」の部分は、あま

Note

りやってくれません。従って、事前準備を含めて着任直後までは現場側も送り出す側も、こうしたことをガイドしてあげるとその後の立ち上がりがよくなりますし、また赴任途上でそれをリマインドしてあげることも必要でしょう。

　さて、ここまでお話ししてきたことについて、「どれだけ実際のビジネス現場で役立つのか？」という疑問をおもちの方がいるかもしれません。いずれも、あくまで手段であって目的ではありません。目的はやはり、ビジネスを成長させ、任務を全うすることです。私が紹介した手段が、ソニー在籍時に終盤の赴任地となった２カ国、ベトナムと韓国での課題解決に功を奏したのは確かです。結果として、両国の案件でいずれも社長賞を頂戴することができました。

　おそらく誰もが予期していなかったことだと思います。さまざまな幸運に恵まれた側面もありますが、何よりも現地社員が士気を高め、活性化したということが大きかったと思っています。

　９カ国の赴任生活では、たくさんの失敗もしましたが、成功する秘訣もたくさん学びました。それをこれから海外赴任する皆さんにお伝えすることがいまの私の仕事であり、任務だと思っています。もちろん会社によって業務も違うし、目標も違います。それでも、人の心をつかむことは、やはり一緒だと思います。その秘訣を現在、皆さんがやっている英語研修や異文化研修、ネゴシエーション研修などに、もう１つ加えることができたなら、よりよい成功を勝ち取れるのではないかと思います。

あなたが得た理解と気づきは？

....
....
....
....
....
....
....

現地への愛着、好奇心をどう醸成すべきか

糸木氏の体験に基づいた、本社側・HRの果たすべき役割への言及に、
参加者は大いに納得した様子だった。インタラクティブセッションでは、
参加していたHR部門のリーダーや、HR領域のコンサルタント、
研修会社の企画開発担当者などから、感想とともに、率直な疑問も提示され、
設定されたテーマの本質が掘り下げられた。

参加者A 一般的に海外赴任は1〜2回という会社が多いのではないかと思いますが、この回数で糸木さんのレベルを目指すには、どうしたらよいのでしょうか。

糸木 確かに9回の赴任は多いと思いますが、お話ししたことは気づきのポイントなのです。技術的に難しい、知識が豊富でなければできない、というわけではなく、国内でもすでにやっていることはあります。それが海外で活きるのだ、ということを気づかせてあげることが大事です。

たとえば、こんな言い方ができるでしょう。

あなたが外資系企業に勤めていたとして、上役が2人アメリカから赴任してきたとします。1人の上司は、「日本のやり方をやめてグローバルスタンダードでやれ」といい、日本の文化にも関心を示さない、笑顔もない。もう一方の上司は、「刺し身って面白いね、生で食べるのですね」と笑顔で話しかけてくる。

あなたは、どちらの赴任者と働きたいですか？ こんなふうに問いかけるとわかりやすくなります。

参加者B 私も20年近く4カ国で赴任を経験しました。個人的な考えですが、国内では個性が強くて扱いが難しい社員が、実は海外では活躍する。逆に国内では非常に優秀だけれど、海外に出た途端に成果が出ないというケースがあります。

こうした個性は、自分自身ではなかなか気づくことができないので、周りの人が気づき、しっかりと評価する仕組みがあれば、海外に向かない人を無理やり行かせて、疲れ果てて辞めてしまうということが防げるのではないかと思いました。

糸木 確かに人はそれぞれ違いますから、社内でその人に合わせたパターンがあれば理想的でしょう。ただし、人だからこそ、共通で使える部分もあります。カスタマイズとのバランスが大事です。

私の9カ国の経験ですら、世界から見ればワン・オブ・ゼムな

第2章 価値観を伝えよ！

わけです。その意味で本社側・HRは、さまざまなパターンを集積させることができる立場にあると思います。

参加者C 私は、40カ国を回りながら現地人の指導や赴任者の研修をしています。現地の文化を知るという意味では、「ニューヨーク・タイムズ」ではなくて、あえてローカル新聞を購読することを勧めています。新聞報道を読んでいくうちに、自分の住んでいる地域がどういうところかがわかる。1面や2面の政治経済は理解が難しくても、3面記事なら事件事故なので比較的わかりやすいですし、新聞にあまり興味を示さなかった人でも、好奇心をもってくれるようです。

赴任者に代わって事業部門と交渉することも HRの仕事の1つ

糸木 私の場合は食や映画でしたが、ローカル新聞の3面記事はタクシー運転手との雑談にも使えますね。それなのに、本社側から「着任してすぐに結果を出せ」といわれてしまうと、現地を知ろうとする余裕もなくなってしまいます。そこで赴任者に代わって事業部門に「結果は出ますから、もう少し待ってください」と交渉をすることも、HRの仕事の1つかもしれませんね。

参加者D 私は、コミュニケーションの研修会社を経営しています。赴任という期間が、その人の人生にとってどのような意味があるのかを考える機会は全くありません。また、赴任される人も目の前の赴任期間のことだけしか考えていないように思います。赴任期間の内訳を伝えた上で、あなたにとっての3年間はどのような意味があるのでしょうかと問いかけ、考えてもらうことは大変意味があることだと思いました。

高津 人生における海外赴任経験の意味を考えてもらう機会を用意するというのは、HRや研修会社の役割かもしれません。糸木さん自身も9カ国を経験し、いまの年齢になったからこそ俯瞰して見られるようになったわけです。だからこそ目の前の諸問題を解決することに手一杯になっている人に対して、俯瞰して見ることができる人が一歩引いてアドバイスをするという役割はありそうですね。

糸木 本人だけでなく、家族も現地に馴染むことはとても大変です。しかし、グローバル化に悩んでいるからこそ、自分の家族や子どもには将来、グローバル化で苦労させないと考えるべきです。いまここで、子どもの成長に貢献できることは何でしょうか。それは目の前にある赴任というチャンスを使って、子どもに海外の息吹を感じさせること

ではないかと思います。その子どもが大きく育った時代には、グローバル化が更に進んでいるでしょうから、それへの投資だと考えたらよいと思います。

　大抵の場合、親御さんが海外を楽しんでいるときは、子どもも楽しんでいるものです。私は、韓国赴任時代に「珍しい料理といえば、犬料理だね。じゃ、行ってみよう！」と家族全員で専門店へ出かけたことがありました。むしろ店のスタッフたちが「日本人が家族全員で犬を食べに来た」と驚いていましたね。そうすると、自分たちも「この国に一歩入ったな」と何か感じるものがあるわけです。

高津　私が日本興業銀行のパリ支店に赴任していた頃、日本人はパリ16区周辺に住んでいました。日本人学校が近くにあるからです。お昼ご飯は、日本人だけで近くの日本料理屋に食べに行くことがよくありました。振り返ると、あれはまずかったなと思います。ある種の日本人村が赴任先で形成されていることがいまでも多いと思いますが、それはやはりよくないということを、糸木さんの話からも痛感しますね。

　今日は、糸木さんの著書のタイトルにある「日本人が海外で最高の仕事をする方法」というテーマでお話をしていただきました。日本人である糸木さんが海外でどのように活躍されたのか、その活躍ぶりを海外赴任の一担当者としてだけではなく、経営者としての視点で何をされたのかについてもお話しいただきました。ありがとうございました。

2014年3月6日に行われた「第8回 地球人財創出会議レポート」の内容を再構成

あなたが得た理解と気づきは？

これからの時代の
リーダーシップ

今後グローバル化がさらに進めば、
多様化した組織を率いて結果を出すリーダーが
必要とされる時代になる。
そのようなリーダーにはどのような資質が必要で、
またどのようにすれば育つのか。
人事コンサルタントとして数多くの会社の実態を目にし、
自らもグローバル展開するコンサルティング会社の
経営者として活躍してきた
古森剛氏が語る。

古森 剛
**株式会社CORESCO代表取締役、
マーサー ジャパン株式会社シニア・フェロー、
一般社団法人はなそう基金代表理事**

日本生命保険相互会社にて営業本部機構と本社人事部門を経験。マッキンゼー・アンド・カンパニーを経て、2005年マーサー ジャパン入社、M&A場面での組織・人事コンサルティングを手掛ける。同社代表取締役社長、グローバル・マーサー社のシニアパートナーなどを歴任。14年10月、自ら立ち上げた株式会社CORESCOの代表として活動開始。東北の被災地支援を行う、はなそう基金の代表も務める。

影響力を発揮するには、心をつかむ言葉をもて

提言

　今日はリーダーシップについて話をしますが、そもそもリーダーシップとは何かといえば、ある人がリスペクトされる要素をもち、そのリスペクトをもとに人がフォローしている状態です。それが起点となって組織内、集団内によい変化が生まれている状態を、「リーダーシップのある状態」と私は定義しています。

　リスペクトというのは、和訳すると尊敬とか敬意となりますが、台詞にすると万国共通で「He is great!」とか「あの人は素晴らしい!」とか「ここに関してはあの人には勝てない!」といった、人の気持ちに「!」を呼び覚ますものがある状態、それがリスペクトのある状態です。そしてそういったものの中身が何であれ、相手に伝わっていることが大事だと思います。

　中身にはもちろん個人差があります。たとえば、「過去30年あの人は毎朝神社のゴミ拾いをしているらしいよ。素晴らしいね!」といった、仕事とは関係ない部分でもリスペクトを集めるかもしれません。

　たとえば、そのようにしてリスペクトを得ている人が、一般的には難しいテーマを社員に迫らざるをえないとしましょう。「皆さんの努力は認識していますが、会社全体の業績はよくなかった。今期は、ボーナスを一緒に我慢してもらえるだろうか」などという場合です。もちろん全員が容易にそれを受け入れはしないでしょうが、「とんでもない!」と騒がれる度合いは、リスペクトされていない人がそれをいう場合に比べると有意に低いだろうと思います。

　リスペクトというのは必ずしもビジネスだけの話ではなく、その人がもっていて、相手に伝わっているものです。自分の核が何かということを知られていて、それを「いいな!」と思ってもらい、「あの人がいうのだから」と思って動いてもらうという状況をいかにつくっていくかが大事だと思っています。ですからコアは「Respect & Trust」だと思います。特にグローバル化ということを前提とした場合、多様性だらけです。自分が

第2章　価値観を伝えよ!

Note

Check Point
グローバル化が進むビジネスシーンでリーダーシップを発揮するには、RespectとTrustが欠かせない。

向き合う組織的景色に違う国の人がいるのは当たり前ですし、同じ国の人でさえさまざまな意見があります。

宗教や言葉やバックグラウンドが異なる中で、誰かのために動くのは「Respect」していて「Trust」があるからというのは万国共通だと思います。

何百種類の人がいても、その人たちの多くが「この人は素晴らしい人だ」と思ったら、世界で通用します。

リーダーシップ開発というのは、自分にしても他の人にしても「その人の何が核になるのか」を見出し、あるいは本人が気づき、それを強くしていき、相手に伝わっていなければ、うまく伝えるようにすることだと思います。自分の強さを伝える、私はこれを「利他的な自己顕示」と呼んでいます。それが嫌だという人もいますが、そういう人は考え方を変えたほうがいいと思っています。フォロワーの立場になったら、しんどいことを一緒にやろうという上司が尊敬できる人であったほうがよいのです。

尊敬できるかどうかわからない人に「今期は給料が減るけれど頑張れ」といわれても頭にきます。気持ちよくついてきてもらうためには、リスペクトされる要素を見せたほうがいいのです。利他的に自分のよいところを伝え、家族や友人に「リーダーがどんな人か」と問われたときに、「素晴らしい人だ」と即答できる状態のほうが幸せです。

リーダーには利他的に自己顕示をする責任があると思っています。伝えよう、知ってもらおう、これもリーダーシップトレーニングの一種です。

「強み」をもっていても伝えていない人はたくさんいます。日本人には技術に秀でていたり、ルールをしっかり厳守したり、責任感が強かったり、そういった素晴らしい人が多いのに、その「強み」が周囲に伝わっていないことが少なくない。伝えていないからです。意図的に伝えるべきだと私は考えています。

そして「Respect」や「Trust」の核をもった人であれば、もう1つ万国共通で必要なのが、「論理的で客観的な仕事をする」ということです。これも多様性を前提とすると当然のことです。ありとあらゆる立場と見方があるところで唯一フェアなのは、「Logical」

Check Point
利他的に自己顕示することもリーダーの責任。

と「Objective」です。

　個人としてのリスペクトの核が伝わっていて、仕事の仕方は論理的で客観的。この組み合わせがあればどんな個性であっても、グローバル化した組織でリーダーシップが取れる可能性があります。では、それをどのように自分なりに高めていくか。
　皆さんが、もし、いま育てていこうと思っている人がいるのであれば、どう仕掛けるかだと思います。何度もいいますが個人差があります。特にリスペクトの核に関しては全く法則性がないので、何が正しいかはわかりません。ただ「何か」はなくてはいけません。結局は「自信」が必要なのです。人生の価値観、ものの考え方、生き方、それを全て踏まえて「これでよい」とよどみなく思える人が、何かしらの形でリスペクトされていくのだと思います。最後はConfidenceです。これをもつにいたる何かをすることです。

　最後に、グローバル化し多様化した場所で活躍するために欠かせない要素をお話しします。
　まずは「多様性を活かす感覚」をもっているかどうか。日本人の多様性は夜の宴席になると出てきますが、昼間はあまり出てきません。グローバルでは日本人の何百倍も多様です。予定通りにミーティングが終わりそうなときに、インドの人が全く関係のない話を始めて20分会議が超過したりして、時間にセンシティブな日本人はハラハラしながら電話会議の時間を過ごす、などということが日常的に起こります。こういった多様性が当たり前の世界です。でも多様性を嫌うと何もよいことがありません。多様性を嫌うと言葉や行動に出ますし、その段階でまずリスペクトはされません。多様性をつくるというよりも、多様化してしまっているのが現状です。グローバル化した場合、どう切り取っても多様なのが当たり前。そういう組織を使ってP/Lを背負い、いった通りか、あるいはそれよりもちょっと上の数字を達成しなくてはいけないのです。
　不確実なことが山ほどある中で、確実に成果を上げることは、実は恐ろしく難しいのです。多様化した組織を使って100%の答えを出さなくてはいけない、というのがミッ

Note

ションだったらどうするか。結局、多様性を喜び、感謝してどう活かすかということになってきます。そして、何かいうべきときは、自分の「個」を出していいます。「We」とはいいません。「I」です。「I don't like it」、「I don't buy it」とはっきり「私」としていいます。

　ここも多様性の一部なのです。「私」という「個」がしっかりないと、相手の「個」を許容できないし、遊ばせたりできないし、否定することもできません。結局、自分の「個」がしっかりしているから、相手の多様性を許容したり、我慢したりできるのです。そういう気持ちの悪い状態において、最後はどうやっても全員Agreeしないから、ここは私の一存で決めるとなったときに必要なのがリスペクトです。

　リスペクトがあれば、「この人がそう決めるのならそうしてみよう」と思ってもらえます。そうは思えない人は辞めていく。それを繰り返してグローバル組織は業績を上げていきます。この感覚は日本の組織では身につきにくいです。そもそも幼稚園の砂場で、「どうしてあなただけ違ったことをするの?」といわれ、「なぜあなただけご飯のときに騒ぐの?」といったことを繰り返しいわれて育ち、会社の入社式では社長の訓示で「諸君、出る杭になれ!」といわれたものの、配属された現場では「勝手なことをするな」といわれます。

　個性が打たれ続けるわけです。こういう中で「個」で勝負するのは難しい。社会の仕組みがそうなっていない。でも残念ながら企業の多くはグローバル化を選びました。日本語というマイノリティ言語を使用しながら、グローバル化をして、多様性を包含して業績を上げようとしているわけです。

　こうなると多様性を包含するために「個」を鍛えて、相手の「個」を許容して何とか活かそうとする練習をし続けないと勝てません。多様性への対応力がないと負けはかなり濃厚です。

　ジェンダーの話にしても、同じです。性質が違うだけです。男女の脳の差は、WindowsとMacintoshのようにパソコンのOSが違うようなものです。互換性がないだけです。性質は差があるけれど、機能の差はない。どちらかというと個性差です。ジェン

Check Point
自身の「個」を鍛えて、相手の「個」を許容する。

Note
……………………………………………………………………
……………………………………………………………………
……………………………………………………………………

決断という行為の価値

Judgement 判断
一定の論理的な
要素を盛り込みながら
行うもの
（頭に近い行為）

Decision 決断
諸事をふまえ、
意を決して
「ズバッ」と決めること
（体・心に近い行為）

ダーの枠を全く外して個人を見ることが重要なのです。この感覚を強くもった人でないと、個人ではなく宗教や性別、人種、年齢、場合によっては出身地などという属性に目を向けてしまいます。この属性の感覚は誰しもがもっているので、自分で意識して外していこうとしないと多様性を本当に活かすことはできません。

　もう1つは決断です。リーダーとして多様化したグローバル組織の中で何かをしようとしたら「判断」ではなくて「決断」が大事です（上図参照）。「判断」がいらないといっているのではありません。「判断」とはしっかりと情報を集め、議論をして、周囲の意見を聞いて話し合いをするものです。判断力もとても大事です。これはビジネススクールなどでもかなり鍛えられます。

　しかし、「判断」は一般の人でもできます。差が出るのは「決断力」です。情報が集まらず、時間もなく、リスクも高い。そんな状況で、「さて、どうしますか?」となった場合、どこの国の人であっても9割以上は「もち帰って考えさせてください」といいます。でもここで「いま決めます」というのが「決断力」です。

「それで失敗したらどうしますか?」といわれても、「私の責任です」「うまくいかせます」と動ける人が「決断力のある人」です。

　これができる人はとても少ないですが、リーダーの素養です。どこの国でも多くの人

Note

Check Point
「判断」よりも「決断」で差が出る。

は決めてくれる人を探しています。

　もち帰って考えたくなるときでも、あえて自分で決めて動き出せる感覚をもたないと、グローバル化した場所でのリーダーシップはまず取れません。

　最後は「伝えられますか?」という話です。リスペクトのもう１つの核は考え方です。多くの場合、組織のリーダーは組織の考え方を伝える必要があります。

　多くのグローバル企業が「Mission」「Vision」「Value」（MVV）をとても大事にしています。たとえば、コンプライアンスなどはどんなにルールをつくっても、悪意をもって臨めばたちどころに破ることができます。巨大化した組織を本当に制御できるのは「心」です。

　この会社のために悪いことをするのはやめようと皆が思っていれば、悪いことは何も起こりません。これは誰もが気がついていることだと思います。だから価値観というものをとても大事にして、敬意を表します。価値観は最大のコンプライアンスのツールであり、業績のツールです。この会社の業績をよくしたいと皆が思うためには、皆が会社を好きでいなくてはいけないと思います。エンゲージメントの正体もそれです。ですからリーダーの仕事はそれを伝える人になることです。

　少し考えてみてください。右の図のＡさんとＢさんとでは、どちらがより多くの人々が「リスペクト」を感じ、自然に「フォロワー」になりたくなるでしょう。

　あまり感心できないのは、Ａさんのタイプです。Ａさんの伝え方では、論理的に理解はできるものの、相手のハートに響きません。一方、Ｂさんはここで自分の話をもち出すわけです。自分の言葉で説明すれば、どこの国の人であってもわかります。相手に伝えるためには、自分の言葉に翻訳して、かつ個人的なエピソードをつけて話をしたほうが心に響くのです。

　そういったことを伝える際、我々には言葉の壁があります。我々がマジョリティ言語の持ち主だったらこんな苦労はしません。しかし現在、グローバル化できる言語は英語と中国語とスペイン語くらいなので仕方がありません。結局、最初からディスアドバン

Note
....
....
....

組織の上位概念(MVV)を「わがこと化」できるか？

 Aさん
- 当社の経営理念や価値観は、ここに書いてあります
- 当社の創業者は、難局を乗り切ったときにこういっていました
- これらの経営理念や価値観の定義は、こうなっています
- 皆さんもこれを理解して、日々の仕事の中で実践しましょう

 Bさん
- 当社の経営理念や価値観は、ここに書いてあります
- 当社の創業者は、難局を乗り切ったときにこういっていました
- 私にも、経験があります。こういう場面で、こうしました
- 皆さんの個人的なストーリーも、ぜひ聞かせてください

 より多くの人々が「リスペクト」を感じ、自然に「フォロワー」になりたくなるのは、AさんとBさんのどちらでしょうか？

テージなのです。日本発のグローバル化は難しいということです。

　世界中の優秀な人たちに日本語を習得してもらえればよいですが、そうはなりません。やはり我々が超えていかなくてはいけない部分が多いです。楽しい話はカタコトでも通じますが、難しい話をしたときにカタコトの英語では伝わりません。難しい話で人の心を動かそうとしたら上質な言葉が必要です。

　多くの人が、コマーシャルランゲージは間違えていなければよいというのは「商取引」までの経験をもとにしています。「商取引」と「政治・経営」は全く違います。「政治・経営」は本当に大変です。政治家の言葉です。人々はその言葉を聞いて、感動したりしなかったりするわけです。人をリードしていい方向に影響を与えようと思っているのであれば、言葉はとても大切です。取引する言葉から、心をつかむ言葉へ。本当のグローバルリーダーは、そういうところにも意識をもっていくべきだと思っていますし、私自身、日々研鑽を積んでいます。

あなたが得た理解と気づきは？

組織内の「多様性」を活かすことはできるのか

グローバル時代のリーダーとしてリスペクトされるには、
「伝える力」と「決断力」、そして「多様性の活かし方」がカギになると指摘する古森氏。
その古森氏の講演を受けて、参加者が3〜4名のグループに分かれて、
組織内の「多様性」を本当に活かすことはできるのかについて
ディスカッションを行った。

参加者A 我々のチームでは、組織内の多様性を本当に活かすには公平な仕組み、雰囲気といった環境づくりがまず必須であろうという話が出ました。そのためには、お互いの柔軟さや、オープンマインドがないと組織としてはなかなか難しいのではないでしょうか。

古森 公平性というものを仕組みで担保するのがまた難しいですよね。公平な仕組みとは、たとえばどういったことを想像しますか？ 公平性を担保する仕組みとはどんなものだと思いますか？

参加者A 勝ち負けが出てきてしまうと「損をあえて取る」ということも必要なのではないかと思います。優位な立場、より上位にいるほうが降りていく姿勢を見せるところで折り合いをつけていくべきではないでしょうか。

古森 公平性について他に持論のある方いらっしゃいますか？ ここは実は結構カギとなるポイントです。

参加者B 私はできるだけ仕組みを使いたくないですね。我々のチームでは違いを楽しむカルチャーがまずベースに必要なのではないかという意見が出ました。そのときにお互いの強みとか弱みを理解できていれば、こういうことはこの人が得意としているな、などという判断が働きやすくなるのではないかと思います。仕組みをつくってしまうと、後で縛られることが多くて厄介な面も多そうです。

Note

参加者C　公平な仕組みというものは、説明責任とセットでなくてはいけない。機会均等ということは簡単ですが、全ての人に同じチャンスを与えることは不可能です。しっかりと説明して、それが相手に伝わるということも、合わせて公平な仕組みではないでしょうか。

高津　古森さんのお話に出てきた英語力に関しても、説明責任を果たせるだけの英語力が必要だということになりますね。他にご意見はありますか?

参加者D　強みのない人間は全くいない、誰にでも強みというのはあると思います。成功しない人は強みがたまたま使えなかった、成功した人は強みが仕事に活かせた人ではないでしょうか。できるだけ個々人の強みや特性を活かす仕事を見つけることのできる仕組みをつくれば、それが一番公平なのではないかと思います。

古森　多様性を活かすためにそうするべきだというのはなんとなくわかるのですが、実際それをどうするのかでいつも悩みますね。

多様性の境界を設定しないと
企業として成り立たなくなる

参加者E　私は「公平」という言葉が出てきたときに、とても不可能な話になってきたように感じました。多様性をとことん追求することはやはり不可能なのではないか。組織には必ず目的があり、その目的に沿うためには、どこかである程度犠牲にするという文脈の中でしか多様性は実現できないように思います。「うちの会社はこういう目的なので、この目的に沿ってここまでは許容します、ここからはできません」と線引きを明確にして、それに沿う人が入ってきて、その中でしか多様性を語れないのではないでしょうか。

古森　全くその通りだと思います。多様性の境界域を設定しないと企業として成立はしません。公平性に反応したのは、それがとても難しいと思っているからです。

　そうはいっても、相対的に皆が公平に見られていると思っているところで多様性が活かされやすいというのも事実です。頭ではそれを理解していても、実際にやるときには個々人をよほどわかっていないと、その人にとっての公平性が成立しにくいので、人類共通のテーマだと思います。公平性が満ち溢れるといいなと思いながら、なかなかそうはならないのが現実かなと思います。

参加者F　「公平」という言葉を「平等」に置き換えた場合、その反対の表現は「不平等」

という言葉になります。日本人は金太郎飴のごとく「同じようになれ」という教育を受けてきた中で、多様性を出すのは難しいという話が先ほどもありました。ただ「不平等」というのを考えたときに、チャンスに恵まれる人も恵まれない人もいるであろうし、ある特定の能力や知識をもっている人も、もっていない人もいると思います。でも、企業というものは事業環境にあって、その事業環境というのは不確定なことだらけです。その中でたまたまある案件に必要な知識だとか能力だとかにミートした人がいたとします。その人にとってはラッキーだったわけですが、それはたまたま自分の知識や能力を活かせる場に恵まれてよいパフォーマンスができただけ。それはそれで評価してあげるべきですが、その人だけチャンスをもらったわけで、それを評価するのは不平等ではないのだろうかと思う気持ちもあります。

古森 それは人事評価の場面でもよく出る話です。ただ私の科学的でない考え方は、仕事も人生も7割以上は「運」だということです。成功した人も7割は「運」です。けれど成功という結果に対してフェアになろうとしたら、やはり「運」で成功した人も認めなくてはいけません。問題は「運」が悪くて、努力をしていても成功できない人をどう見るかということです。やはり企業には四半期決算があり、年度決算があり、結果の出ない企業は滅びますから、そこに繋がらないサイクルでの多様性は許容できないこともあります。でも結果を出して業績を上げている人ばかりを認めていたら、企業の将来はありません。ですから多様性の問題というのは非常に難しいのです。そのような中にイノベーションの議論なども入ってくるわけです。イノベーションと多様性は繋がっていて、10年スパンで多様性を活かさないとイノベーションは起こらないなどともいわれます。でも四半期決算なのです。そんな中で多様性をどう活かすかという問題には、私も常に悶々としています。

多様性は果たして
本当に必要なものなのか

参加者G まずここにいらっしゃる皆さんは、多様性というものは必要だと思ってらっしゃいますか？　私は入り口はそこだと思っています。自分の会社にとって多様性というものが必要だとか、本当によいと思ってらっしゃるのでしょうか。

参加者H 多様性がないほうが楽といえば楽です。ただ、多様性があり、それを活かして達成した成功体験があれば、それが拡がったときにどんなに素晴らしいかというのも

理解はできます。

参加者I 私も多様性がないほうが楽だという考え方があります。ある一定の目的を達成するためであれば、共通の認識や価値観をもって進んでいったほうが短期的には楽なのではないかと思います。

高津 それはそれで全く成り立っている考え方だと思います。日本企業の多くは、○○ウェイとか○○スピリットなどをつくり、世界中に浸透させるといいます。そして、それに共感してくれる人材を各国で採用しようとする。これはコンフォータブルゾーンを外に拡げているだけで、肌の色は多様だけれど、考え方はできるだけ均一の人を集めましょうといっているように聞こえます。それは本当に多様性といえるのでしょうか。

参加者B 弊社では「感動を提供する」とよくいいますが、これは解釈がいかようにもできます。それを自分の解釈でぶつけてこいというのがミッションの戻し方だと思います。多様性がないとわが社はすぐ沈んでしまいますので、多様性は必須だと思っておりますし、多様性に対して画一を求めてはいないと思います。

高津 つまり、いまのビジョンのようなものは、ある意味軸であり核であるけれど、枠とか柵ではないということですね。ここから先に行ってはいけないということではなく、これを大事にしてくれるのであれば、いろいろな考えをぶつけてくれといっているということですね。

多様ではあるが同質な
Googleの社員たち

参加者H 少し話がずれてしまうかもしれませんが、先日カリフォルニアのGoogleに行き、そこで働いている人たちとディスカッションをしました。6名ほどでしたが、出身地から、性別、やっている仕事、何から何まで多様でしたが、おっしゃっていることは皆さん同じでした。自分に権限を与えてくれ、自分の能力を信じてくれるGoogleがいかに素晴らしい会社であるか、またそこで世界一の素晴らしいプロダクトをつくり続けるということをミッションとしていることに対して見事にコミットしていました。多様ではあるけれど、同質でした。

参加者G 以前、日本企業はインドでやっていくのは無理だろうとインドでいわれたことがあります。やりたいことが決まっていて、売りたいものが決まっていて、ビジネスモデルができあがっているのであれば、それに合った階級の同じ宗教の人間だけを集め

たほうが絶対に仕事は早いといわれました。さまざまな人間を集めたところでマネージできるはずがない、要するに多様にするな、そのほうが楽だとインドの人に指摘されました。確かにそれは1つの考え方ですし、多様性を必要としないビジネスがあるのであればそれは楽に決まっています。

高津 1970年代に日本が成長をしていたのは、均質で従順な労働者が多くいたからだというのは、よくいわれる話です。工場でその人たちが正確な作業を日々続けたのがよかったということを思えば、多様性を抑えた環境をつくったほうがビジネスに勝てるという状況もかつてはあったわけです。

同質性の高い組織からは
イノベーションは生まれない

古森 多様性のレイヤーもいろいろありますが、私のいっている多様性は「個」の部分です。同じ人種の同じ階級の人であっても、個人ごとに全て違うという話です。いま現在、ここにいらっしゃる皆さんにもそれぞれの「個」があります。それを「何となく一緒だよね」というコンセンサスにもっていくようなマネジメントをするのか、それとも一個一個の違いを認めて、面倒くさい議論になってもそれを乗り越えて、ひと晩時間はかかったけれど、昨日よりはましな答えを出すのか。後者が私のいうところの「活かす」ということです。これをやるかやらないかが大事です。

　人類70億人全て違うというのが私の多様性感覚です。この感覚がもてる人は、どんな個性に出会っても一度は受け止めることができると思います。どうしても活かせない人は辞めてもらうしかありませんが、まず活かそうとするべきです。私は先ほどの単純化したほうがコンフォータブルだという世界と、素敵な多様性の世界との間に、巨大なリアリティがあると思っています。好むと好まざるとにかかわらず多様化してしまっている組織という現実があります。一般的にはここからのスタートとなります。自分で一からつくる組織というものはなかなかなくて、既に多様化してしまっていることがほとんどです。

　3カ月後に20％業績アップというのをこの組織でどのようにやっていきますかという場合、「皆さん、いろいろなことをいわないでください。Just do it」でいくのかどうか。短期決戦の場合、同質性が高いほうが強いです。でも、それをずっとやっている組織では新しいものは生まれません。ルールで縛った中で活かすのは当たり前のことです

が、長期で考えると抑圧したら新しいものは出てきません。それはわかっていますが、多くの場合はプレッシャーの中で抑圧してしまいます。そして今日を勝ちにいく。だから明後日が来ないのです。日本からイノベーションが生まれにくいというのは、そういうところからきているのではないかという思いも多少あります。

高津 こういう議論は終わらないし答えがありませんが、ここがリーダーシップのポイントです。全ての経営的辞書に絶対的正解はないということです。従って何が答えなのかは、自ら決めるしかないということですね。

　ヒントを得て、自分が決断をして、取り組む。そういうことにかかっていることを、今日この場の議論を聞いてあらためて感じました。

2015年2月24日に行われた「第14回 地球人財創出会議レポート」の内容を再構成

あなたが得た理解と気づきは？

ゼロからつくり上げる
グローバル人事施策

100年以上の歴史を誇るカゴメは
21世紀に入ってから積極的に海外進出を行ってきた。
そのグローバル対応の陣頭指揮を
2012年から執っているのが、
日系精密機器メーカーや外資系保険会社で
人事のグローバル対応に手腕を振るってきた有沢正人氏だ。
「人事は経営そのもの。人事はアート」を
持論とする有沢氏が、戦略人事とは何かについて語った。
また、参加者の間では経営に資する人事として
いますべきことは何か、
活発な議論が交わされた。

有沢正人
カゴメ株式会社執行役員
経営企画本部 人事部長

1984年、都市銀行入行。日系精密機器メーカー人事担当ディレクターを経て、2009年、外資系保険会社人事担当執行役員に就任。ニューヨークの本社とともに、日本独自のジョブグレーディング制度や評価体系を構築する。12年1月、カゴメ株式会社特別顧問。同社の人事面でのグローバル化の統括責任者となり、全世界共通の人事制度の構築を行っている。12年10月より現職。

トップを巻き込む「覚悟」で グローバルで勝てる組織をつくる

事例研究

　グローバルで勝ち続けるための人事制度の構築というものがありますが、仕組みから構築しても駄目だと、私は以前ある人から何回もいわれました。私がいままでやってきた会社や銀行では、そういった仕組みがないところから始まっているケースが多かったです。そんなところから今日のお話に入ろうかと思っております。

　私はカゴメに入社する前に、いまの会長で当時の社長の西秀訓と常務の面接を受けました。その際、今度中期計画をつくるけれど、カゴメはグローバルに対して弱く、さらに現在カゴメにはグローバル化を進められる人材がほとんどいないという話を聞きました。当時、カゴメの海外売上比率は12%ほどで、いまでも14%ほどです。

　日本の市場は少子高齢化が進み、さらに日本の食品市場は飽和状態なのでこれからあまり伸びていかない。マーケティング的には、いわゆる4Pといわれる「Product」「Place」「Price」「Promotion」の全てにおいてそれなりの企業だけれど、それがグローバルではまだまだ発展段階であるといわれました。そういった理由で外部から人を採ろうとなったようです。

　実は私はカゴメの115年の歴史の中で、はじめて外から来た人事部長でした。そもそも当時のカゴメにはグローバル人事制度を構築した経験者が全くいなかったのです。そこでどういう人を採るかとなったとき、「ちょっと変わった人を採ろう」となったそうです。カゴメの社員はいわゆるとても「いい人」が多い、という印象をもっています。非常に感じがよく、誠実で、優しい人が多いのです。しかし、そういう状態で改革を実行するのは多くの困難が伴います。つまり、カゴメのDNAをもった人だけではグローバルベースの改革が難しいと考えられたため、私が指名されたようです。

　体制づくりに当たっては、自分のやりやすいようにしてよいといわれたので、まずグローバル人事制度を構築するための「グローバル人事グループ」をつくりました。

　その際には、プロパーの秘書課長を引き抜きました。秘書課長は、一番社内事情に詳

Note

しいだろうと思ったからです。また、彼は人事のキャリア・コンサルティングの資格ももっていました。もう1人、リクルート出身の人事の専門家の女性が経営企画にいたので、その女性も引き抜き、その2人でチームをつくりました。

　カゴメという会社は先ほども申し上げたように、誠実で優しくていい会社です。そこにいきなり変わったことを入れようとすると当然そこには抵抗が生まれます。その抵抗が起きたときに何が大切かといえば「覚悟」です。それもトップを巻き込む覚悟です。
　実はいままでも全部そうでした。銀行にいたときも、社外から来られた会長にさまざまなことをやっていただきました。まず給料は大幅にカットされ、ボーナスはゼロ。私も年収がかなり減りました。でもその際にお願いしたことは、人材育成の費用だけは減らさないでほしいということです。
　銀行というところは、特に人材育成が大切です。銀行は製品の差別化があまりできないからです。たとえば住宅ローンという商品はどの銀行から借りても大差はありません。基本的に金利の違いしかない。では他は何が違うかというと、「人」です。
　その「人」の違いを武器にするために、人材育成の費用は不可欠だったのです。その会長のすごいところは、給与を削っても、人材育成の費用は減らさなかったところです。人員のリストラもやりましたが、それでも人材育成の費用だけは削られませんでした。ここまでやっていただいたのは、「トップをいかに巻き込むか」という覚悟のおかげだと思っています。
　日系精密機器メーカーでもそうでした。とてもユニークな社長を巻き込み、評価制度を全世界共通のプラットホーム上に策定しました。大事なのは、社長をどう巻き込み、いかに覚悟を決めさせるかです。もちろん自分自身の覚悟もありますが、「トップに覚悟を決めさせる」ということが大事です。カゴメに入った当時も、社長の西にお願いしたのは、「覚悟を決めてください」ということでした。改革は必ず批判にさらされ、絶対に抵抗を受けます。そのときの覚悟を決めておいてくださいとお願いしました。
　私はそれを「トップに匕首を突きつける」という言い方をしますが、要は「私と心中し

Check Point
変革にはトップを巻き込む覚悟が必要。

Check Point
自分自身だけでなく、トップにも覚悟を決めさせる。

Note
....
....
....

てください」という覚悟です。私は人事としてすべきことはこの一言に尽きると思っています。

　カゴメグループは、まず共通のHRポリシーや仕組みをもつべきだと考えました。くどいようですがカゴメは本当に人に優しい会社です。それは企業理念が「感謝」「自然」「開かれた企業」と、全て人について言及していることにも表れています。そしてカゴメで働く人たちは、カゴメグループの最も重要なステークホルダーです。
　しかし、グローバルな人事制度も何もない状態からやっていくためには、やはりツールが必要です。
　これは多くの企業が導入していることだとは思うのですが、「ジョブグレード」（職務等級制度）、「評価の仕組み」（バランススコアカード管理）を導入することにしました。これらは当たり前のことのように見受けられるかもしれませんが、導入するのは結構大変でした。
　そして最後に「サクセッション・プラン・プログラム」。この3つを1つの足掛かりとして、人事制度をグローバル共通にしようとしました。あまり多すぎてもハレーションを起こしてしまうので、まずはこれらから始めました。

　入社して2カ月目にはオーストラリアの子会社に行き、そこで何をやっているかを見せてもらいました。そもそもオーストラリアの子会社には人事部がなく、私が行った際には、「日本には人事があるのですか」といわれました。
　セールスマネジャーの評価シートを見せてもらったところ、目標が「たくさんの人に会うこと」、結果が「たくさんの人に会えました」、評価が「Good」で5段階の5でした。それを見た瞬間に、これは駄目だと思い、人事部の必要性を痛感しました。
　そこで、当時のオーストラリアの子会社のマネジャーたちに、「人事部のマネジャーをやりたい人はいませんか」と挙手をさせ、女性を1人指名して人事部をつくりました。CEOも新しい人に代わりました。最初はバランススコアカードの導入ですが、新

Note

しく来たCEOはとても人事に熱心な人で、バランススコアカードにもとても詳しく、ぜひやろうといってくれました。

　通常バランススコアカードは4つの視点ですが、そのときは私が独自につくった5つの視点にしたバランススコアカードを導入しました。そしてそのCEOに、マネジャー全員を集め「You are all HR managers」といってもらいました。つまり、あなたたちは全員人事のマネジャーも兼務しているということです。

　そうやっていかに人事が大切かということを叩き込み、バランススコアカードを1週間以内に書かせ、そこから始まりました。

　いまではオーストラリアはサクセッション・プラン・プログラムもできているし、評価もよくできています。むしろ現在は我々よりも先行している状態です。

　グローバル人事制度を展開する第1ステージとしては、現在進行形でやっている最中ですが、ジョブグレードと評価基準を統一することです（右図参照）。

　あとはコア人材のサクセッション・プランを作成しますが、これはよくいわれる「CDP管理※」ということです。銀行などではCDP管理がかなりしっかりしていて、28歳くらいから人事主導で各人のキャリアパスをつくります。たとえば、ある人はまず個人店舗に行かせ、次は本社の個人部に行かせ、次は法人店舗に行かせ、法人部の管理職に登用という具合に、1人ひとりのキャリアパスをつくります。以前私がいた銀行では、毎年2,000人以上のキャリアパスを人事でつくりました。

　カゴメではそこまでやろうとは思ってはいませんが、少なくとも部長以上の「コア人材」といわれる人材のサクセッション・プランを策定する。さらに、グローバルの教育体制の確立をする。これら第1ステージが、今年が最終年度でほぼできあがる予定です。

　第2ステージとしては、まず、社長や会長からメッセージを出してもらい、そのメッセージを実現するためにはどういう人材がいつまでにどれだけ必要なのかを把握することが必要と考えました。よく戦略から定義するといいますが、その通りだと思います。まず戦略から逆算していって、それを行うためにどれだけの人材が必要なのかを考える

※ キャリア・ディベロプメント・プログラム。社員の自主的な能力開発に合わせて教育や人員配置などを行う人材育成法。

Note

グローバル人事制度の展開

第1ステージ

グローバル化を推進するための基盤づくり
- ●ジョブグレードや評価基準の統一
- ●コア人材のサクセッション・プランの策定
- ●グローバル教育体制の確立

※この第1ステージを2013-15年の中期計画実施中に可能な限り進める

第2ステージ

グローバルな人材を経営に活かすための戦略人事施策の展開
- ●経営ビジョンの実現のために、「どのような質の人材が、いつまでに、どの地域にどれだけ必要なのか」についての見極め
- ●分野ごとの戦略分析をより詳細に行うため、グローバル人材の「見える化」を実現
- ●「スキルマップ」をグローバルベースに作成し、必要なときに必要な人材を供給できる仕組みの確立

グローバル化の進展のためには、10年先を見据えて取り組む必要があり、グローバル人事施策を2つのステージに分けて考える。
現・中期計画（2013-15年）はその第1ステージにあたる。

ことが重要です。

　また、グローバルに人材は豊富にいますが、埋もれている人もたくさんいます。その人たちを見えるようにする。システム上で、誰が見てもこういう人材がいるということが見えるようにしたい。さらにスキルマップをグローバルベースに作成して、必要なときに必要な人材を供給できる仕組みを確立したい。10年先を見据えながら、こういったことをやっていけばグローバル化の進展ができるのではないかと思っています。

　グローバル化をやるにあたって一番大事なことはとにかく現地に行くことです。CEO

Check Point
埋もれている人材を発掘するシステムをつくる。

やHRのディレクターと信頼関係を結ぶこと。これは絶対に欠かせないことです。精密機器メーカーのときもそうでした。

その会社は世界各地に拠点がありますが、私は2年かけて全部を回りました。そこで何が行われているのかを見て、日本の人事がちゃんと見ているというメッセージを伝え、同時にマネジャー以上はほとんどと面談をしました。

とにかく現地に出向きリレーションシップをしっかりつくる。これがグローバルの人事をやる際の一番の基本だと思います。これはカゴメでも同じです。

私がカゴメに来る前は海外のCEOは日本に来ることは少なかったようです。でも、いまは海外のCEOは日本の株主総会の壇上に全員上がります。株主は、グローバル企業といっているのに外国人が1人もいないじゃないかと思います。ですから外国人のCEOを壇上に上げ、彼らCEOもカゴメに関心をもっているということを伝えることが大切なのです。

もちろん答弁もしてもらいます。株主からは「オーストラリアは最近雨が多いようですが、そのあたりはどうですか?」といった質問が飛びます。それに対してオーストラリアのCEOが、雨が多いことがトマトの生育にどう関係があるかというような話をしますが非常に好評です。

プロジェクトのアプローチはまずトップから変えないといけません。そのためにまず役員の評価制度をつくりました(88ページ図参照)。カゴメは私が来たとき、役員の個人評価がない状態でした。そこでまず、トップを含め役員の評価制度をつくり、役員が年間の自己評価を行い、最後には会長、社長と評価面談を行うようにしました。つまり当たり前ですが個人ごとに評価に差がつくようにしました。そんなものは当たり前だと思われる方もいらっしゃるかと思いますが、その当たり前のことからまずは始めたのです。

そして報酬に関しては変動報酬と固定報酬のうち「変動報酬」の部分を大幅に増やしました。さらに社内報を通じて社長の年収の固定部分はいくら、変動部分はいくらと分解

Check Point
現地に出向いてリレーションシップを築く。

Note

し、社員に公開するということもしました。

　たとえば経営目標を100％達成した場合、変動報酬はいくら、そのうちストックオプションはいくらということを社内報に2ページ見開きでつくりました。これはかなり驚かれたようです。さらに役員、部長を対象としたグローバルグレーディングも全世界で同時に導入しました。

　このようにお話しするとすごいことをやっているように聞こえるかもしれませんが、10年以上前のアメリカがやっていたことを、いまようやくやっている状態です。役員の評価制度導入などやっていて当たり前だと思われるかもしれません。しかしカゴメは「差がつかない」ことが一般的になっていた会社なのです。

　たとえば社員の評価はS、A、B、C、Dの5段階評価ですが、全社員の評価のうち「B」が85％で、「A」まで入れると99％です。「C」をつけられることは滅多にありません。そこで絶対評価のままでは駄目だと思ったので相対評価を導入することにしました。またS、A、B、C、Dという評価は5段階の奇数なので、評価は偶数にすることにしました。偶数にすると真ん中がなくなり中心化傾向が防げると考えたからです。

　次にフェーズ2のハードの部分で「グローバル報酬制度」の構築を行いました。先週、世界から各CEOを呼び、1人ひとり、1時間ずつ面談をして、新しく統一したグローバルCEOの報酬制度とボーナスの考え方を示し、全員からサインをもらいました。ここではグローバル報酬をすべて統一した基準にすることが大事です。

　これとは別に、報酬委員会もつくりました。そして4月から課長評価報酬制度を導入するので、現在私の部下の課長たちが全国を回り説明しているところです。さらにサクセッション・プランも導入します。

　ここまでが2015年にやることで、フェーズ3のソフト部分の拡充、採用の仕組み、プログラムの開発というのはその後です。とりあえず、わが社の場合は仕組みから入ることで進めています。報酬等の体系を変えるときには、とにかく上から変えて、しかも

Note

Check Point
社長の報酬を従業員に公開する。

Check Point
グローバル報酬をすべて統一した基準にする。

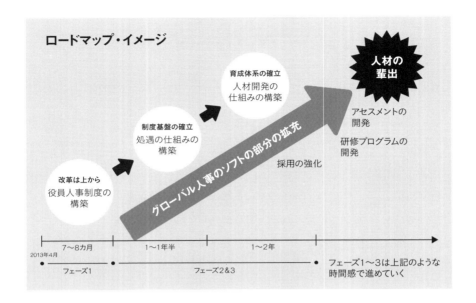

オープンにすることが重要です。また外国でも同時に導入し、社内報に「社長の年収を解剖する」という見出しで開示することによって、トップから変わるのだな、と従業員の意識も変わってくるのです。

　私は2013年の4月から改革を始めましたが、いまは「処遇の仕組みの構築」がおおよそ終わったので、これからは人材開発の仕組みの構築に取り組んでいます。カゴメらしく、しかもマーケッタビリティのある人材、外に出ても恥ずかしくない人材をつくるため、2年から3年くらいで進めていこうと思っています。

　さらに選択型研修というものを入れました。これは銀行時代にも導入したのですが、それまでの階層別研修を大幅に縮小し、自分で休日に研修プログラムを組み立てる方向に移行していきました。というのは平日、研修に行きにくいという声も多かったので、だったら土日に行けばいいではないかと考え、土日に自分の意思で研修を受けられる選

Check Point
トップの関与がないと物事はうまくいかない。

Note

択型研修を導入したのです。

　銀行時代には、ロジカルシンキング、マーケティングなどのMBA的なものから、当時のエンターテインメント系の雑誌の編集長にお願いして、いまの世の中のエンターテインメントについて語っていただいたりもしました。銀行員というのは世間の常識から若干かけ離れたところが多いといわれていたので、世の中の常識を知ってもらいたいという思いでやった研修です。同様の研修をカゴメにも入れようとしていますが、すでにロジカルシンキングやマーケティングなどは順番待ちの状態です。しかもいろいろな階層の人に受けていただいているようです。

　いままでの会社でやってきたこと、カゴメでやっていることからいえるのは、「トップの関与というものがないと絶対に物事はうまくいかない」ということです。

　トップの人たちにあなたたちも責任をもってやってくださいといわない限りは、決して前には進まなかったと思います。それをいう覚悟が人事にあるかどうかです。そして、社員には自分のキャリアは自分でつくるのだという意識をどうやってもってもらうかが大事です。そして改革は上から、つまりトップから改革をすることが重要です。

　先ほどから申し上げているトップの年収の開示なども、その方向に沿ったものです。トップ自ら変わっているのだから、自分たちも変わっていかないとキャッチアップできないということをいかにわかってもらうかが勝負です。

　結局トップや経営陣の気持ちや覚悟が示されない限り、なかなか従業員は動いてくれません。その気持ちをいかにうまく伝え、自分たちの覚悟が示せるかで変わっていきます。Change Agentに一番大切なのは、精神論ではなく、「覚悟をもってもらうための行動を起こす」ということではないかと思います。

あなたが得た理解と気づきは？

思いを伝え、仲間を増やせ

都市銀行、日系精密機器メーカー、外資系保険会社、そしてカゴメ。
さまざまな企業で人事の改革を次々に成し遂げ続けている有沢氏の話は、
日々、人事戦略に頭を悩ませる参加者の関心を大いに刺激した。
特に改革を成功させる秘訣に関心が集まった。

参加者A 大変思い切った改革を何度もされていて、非常にインプレッシブでした。今回のカゴメのケースでは一から立ち上げたようなものがいくつかあったと思います。人事というのは勘と経験と根性というようなとらえ方をされることが多く、説得力をもって変えるということになると、相当苦労されたことも多いと思います。従業員に対する説得力や納得感をもってもらうために、どういった裏づけや権威づけをしたのかというのをお聞きしたいと思います。

有沢 行おうとすることに説得力をもたせるには仲間が必要です。そのため、カゴメに入って一番にやったことは会社を出て現場に行くことでした。飲みに行くことも多かったです。当初、神奈川支店で「神奈川塾」という会があり、それに誘われたので、「ぜひ参加したい」といって参加しました。その席で「世の中の人事はどういうことをやっているのだろうか」という話を始めたら、話がおもしろくなってしまい、みんなで夜中まで飲んでいました。

とにかくさまざまな所へ行って、自分の考えや思いを伝える機会をたくさんもつ。それがいつの間にか説得に変わってくるのです。もちろんその場で疑問にも答えます。「有沢さん、そうはいってもいままでの人事でできるわけはないじゃないですか」といわれたら、「できるかできないかはやってみないとわからないじゃないか」という話をするのです。

Note

裏づけや権威づけには、もちろんトップのサポートが必要ですが、まず組合や担当者レベル、支店や現場でサポートしてもらえるようになることが欠かせません。人事が現場に関心があると示すことが大事なのです。そうすると徐々に仲間が増えていきます。口コミでいろいろと伝わり、「今度の人事部長はどこかいままでと違うぞ」と思ってもらえるようになれば、しめたものです。

　仲間が広がってきたら次はどうするかというと、組織化です。この会社の業務全体を変えないと人事もうまくいかないと思わせるように周囲に話をしていると、そう思う人が増えてきます。そういう人たちが集まり、「業務改革室」という組織がつくられました。彼らはカゴメにとっては「改革者」ですが、私にとっては仲間です。そしてメンバー全員がカゴメのプロパー社員です。外部からの人間ではなく、カゴメのプロパーに改革者をつくっていく。普段から彼らと付き合い、飲みにも行きます。やり方は原始的ですが、そうすることによってどんどん仲間を増やしていき、最終的には役員に仲間をつくる。社長や会長が味方についているので、仲間になる役員は1人でも構いません。とにかく周りを共犯にするのです。気がつけば、皆が「知らないうちに調子に乗せられている」と思うようにしていく。カゴメは従業員1,600人の会社なので、共犯者が少し増えるだけでも影響力は増えます。これが銀行だと2万人ほどいるのでなかなかうまくはいきませんでした。そのときは人事部全員を共犯者にすべく、洗脳することにかかりました。「こんな研修の何がおもしろいんだ」という話から始まり、とことん夜中まで付き合って話しました。したがって人に影響力を与えるだけの人間になるには、いろいろなことを身につけ、共犯者をたくさんつくっていくことが大事なことだと思います。

「共犯者」をたくさんつくると
批判が出にくくなる

参加者B　評価制度を絶対評価から相対評価に変えると、かなりの人の評価が下がるのではないかと思います。それによる抵抗があったはずなのですが、それをどうやってマネージされたのですか。

有沢　実は共犯者をたくさんつくるとあまり批判が出てこないのです。それが「当たり前だ」と思うようになります。「いままで85％がB評価というのはおかしくないか？」と、何度も何度も繰り返しいっていると、周りもそう思うようになってきます。現場で聞くと、「よいBと悪いBがある」という声もありました。「だったら絶対評価では困難なこと

が出てくる。絶対評価から相対評価に切り替えることもありえるよ」と、だんだん声を拡げていったわけです。あとは組合の人たちを巻き込み、決して不利益変更ではない、逆にいままで報われなかった人たちが報われるようになるということを説明し、差をつけることが当たり前だということを、皆に理解してもらうように努めています。

　私は「Pay for job」「Pay for performance」「Pay for differentiation」、この３つを標語にしています。「仕事に払う」「パフォーマンスに払う」「差に払う」。健全な差がつくのは当たり前なのです。

プロパーをいかに改革者にするかが大きなカギとなる

参加者C　２つ質問があります。まず、入社当初の段階でどこまでカゴメさんに必要な絵を描かれ、それを伝えていったのでしょうか。入社されるタイミングにおいてどこまで把握していたのか、ということです。また、外から来た人だからこそできた、あるいは外から来た社長の下だからこそできた部分もあるのではないでしょうか。多くの人事の方はプロパーで育っています。社内でさまざまなつながりがある中で変革に直面したとき、もし有沢さんだったらどのように動かれるのでしょうか、というのが２つ目の質問です。

有沢　最初の質問の「入社前どこまで把握していたのか」ということですが、社長からいわれたことは「グローバルな体制をつくるために人事のインフラをつくってくれ」ということだけでした。むしろ白紙委任状をもらうことのほうが大切です。ですから細かいことは何も決めませんでした。それは精密機器メーカーにいたときも同じです。任せてもらえますねと、白紙の委任状をもらいました。でも、白紙の委任状をもらうということは責任も生じてきます。その責任をどうやって全うするかということが大事です。私は銀行のことは20年いたからわかっているつもりですが、その会社のことは何も知りませんでした。ましてやメーカーのこともわかりませんでした。せめて銀行のときに取引があればまだよかったのですが、それもありませんでした。

　そこで、何をやっているのか知るためにまず現場に見に行きました。くどいようですが、とにかく現場に行くことです。机に向かってPCばかりやっている人事は、私から見れば単にオペレーションをやる人事です。いまの部下にも、「社内にいるな。営業店や現場に行って話を聞いてこい」といっています。おそらく今日もほとんどいないはず

です。現在さまざまなプロジェクトを進めているのでその説得に行っていると思います。

　外部人材についてのご質問もありましたが、確かに外部の人間だからできることも多かったのかもしれません。内部の人間はどうしてもさまざまなしがらみがあります。こちらの役員を立てればあちらの役員が立たないなどと、頭の中でいろいろ考えてしまいますが、私は何も考えずにやりました。ただ、プロパーの人の巻き込みがなければ絶対にうまくはいきません。プロパーの人間をいかに改革者に仕立て上げるか、これも外部人材の仕事の1つです。プロパーの人に、自分と同じポジショニングについてもらえるようにする、自分と同じ目線で同じ水平線を見てもらえるようにする、これができるかできないかが大きな分かれ目です。これができないと結局は1人で浮いてしまいます。「やっぱり外から来た人間はカゴメのことを何にもわかってない」という烙印を押されてしまいます。確かに外部人材だからできたのかもしれませんが、プロパーの人が同じ目線でいてくれなければできなかったことです。

高津　よい時間を過ごせました。皆様からも素晴らしいご質問をいただき、そして有沢さんからは本当に熟考されたお答えをいただきました。私は有沢さんとの打ち合わせの段階で、有沢さんのおっしゃっていることが素晴らしいだけではなく、有沢さんの「生き物」としてもっているエネルギーがとてつもないと思いました。このエネルギーが飛行機に乗り、海外で「You are all HR managers」という場面を想像すると、変革を企てる人間とは何をするべきなのかのヒントを得られるような気がしました。

2015年1月26日に行われた「第13回 地球人財創出会議レポート」の内容を再構成

あなたが得た理解と気づきは？

第 3 章

"地球的"であれ!
──リーダーシップ力・イノベーション力

多様性に満ちたグローバルな組織を率いていくリーダーには、
いかなる能力やスキルが必要とされるのか?
この章ではグローバルリーダーに欠かすことのできない資質と
リーダーに求められるイノベーションを引き起こす源泉に迫る。

ドミニク・テュルパン
IMD学長

田口佳史
老荘思想研究者、一般社団法人
「東洋と西洋の知の融合研究所」理事長、
株式会社イメージプラン代表取締役社長

西口尚宏
一般社団法人
Japan Innovation Network(JIN)専務理事

和光貴俊
三菱商事株式会社 人事部部付部長

グローバルリーダーに求められる資質とは？

世界トップクラスのランキングを誇る
ビジネススクールIMD（スイス・ローザンヌ）において
日本企業のグローバル化支援、
グローバル人材教育などにも携わってきた
学長のテュルパン氏。世界のグローバル企業に
造詣が深く、多数の各国グローバルリーダーと
ネットワークをもつ氏が、グローバルリーダーに求められる
資質を明らかにし、その開発・発揮に必要な
経験などについて語った。

ドミニク・テュルパン
IMD学長

ESSCA経営大学院を卒業後、日本の上智大学で経済学博士号取得。IMD教授として過去四半世紀にわたり、マーケティングや経営戦略に関する世界各国の企業に対する教育と調査研究に従事する。ブランドマネジメント、コミュニケーション戦略が専門。日本企業のグローバル化支援と幹部教育にも長年携わる。2010年7月より現職。スイス・ローザンヌに在住。

グローバルリーダーは鋭い感性と深い共感力を持て

バブル崩壊後、日本の競争力は大きく落ち込んでいます。IMDの世界競争力ランキングを見てみましょう（2011年時点。次ページ上図参照）。

インフラ面では依然として比較的高位につけているものの（調査対象となった59カ国中11位）、ビジネスの効率性、経済の状況では27位、政府の効率性では50位という残念な結果になっています。そして、日本の製品やサービスは主要マーケットで劣勢を強いられ、新興国でも苦戦しています。

いきなり悲観的な要素ばかり並べましたが、それでも私は日本の先行きにはかなり希望があると考えています。

30年前、当時世界の製造業大国としての地位を固めつつあった日本に、米国はその主要な産業で追い抜かれ、同じような問題に苦労していました。「グローバルなリーダーシップ」の問題に悩まされていたわけです。今日、日本が直面している問題は、過去に他の国も苦しんだ問題でもあり、多くの国がそこからの復活に成功しているのです。

グローバルなリーダーシップの構築に苦しむことは、日本固有の問題ではありません。自国ではエースだったマネジャーやエグゼクティブが他の国へ行ってみたところ期待通りの成果を挙げられなかったという話は枚挙にいとまがありません。

この事実は日本に対して、そして、同様の問題に悩む全ての国や企業に対して、「グローバルリーダー」であるということの本質が何であるのか、そしてそれはどのようにして達成することができるのか、という非常に重要な疑問を投げかけています。

現在の世界は「G8」先進国が支配していた旧来の姿から、「G20」諸国の地位が高まり、新興市場の存在感が一段と増したものに変わりつつあります（次ページ下図参照）。

つまり、グローバルな文脈ではいままでとは違う新しい国々や市場を含めた枠組みで物事を考える必要があります。

第3章　"地球的"であれ！

Note

Check Point
主要マーケットで劣勢を強いられる日本企業。

2011年の日本の総合ランキングの中身
Breakdown of Japan's overall ranking of 2011

全体で26位：インフラは悪くないが、政府の効率性が著しく低い。
Overall ranking 26th : Infrastructure is rather solid, but the government efficiency is very low.

経済状況
Economic Performance
27位／59カ国

ビジネスの効率性
Business Efficiency
27位／59カ国

政府の効率性
Government Efficiency
50位／59カ国

インフラ
Infrastructure
11位／59カ国

出典：IMD World Competitiveness Center

G8からG20へのシフトは、新たな世界の枠組みを象徴
Shift from G8 to G20 means new shape of the world

G20

G8

アフリカ	：—	南アフリカ
米州	：カナダ、アメリカ合衆国	アルゼンチン、ブラジル、メキシコ
アジア	：日本	中国、インド、インドネシア、韓国
中東	：—	サウジアラビア
欧州	：フランス、ドイツ、イタリア、ロシア、英国	EU、トルコ
オセアニア	：—	オーストラリア

Note

グローバル・マインドをもつリーダーが不足
Shortage of Global-Minded Leaders

- 類いまれなオープン・マインドさ Exceptional Open-Mindedness
- 大きな感受性、共感力 Great Sensitivity and Empathy
- 世界のどこから来た人々とも、つながり、共に働く力
  Ability to Connect to and Work with People from Any Part of the World
- 他者への敬意 Respect for Others
- 文化的好奇心 Cultural Curiosity
- 複数の言語を使えること Multi-Lingual
- 実験をいとわない意志 Willingness to Experiment
- 地球市民(コスモポリタン)的行動と感性 Cosmopolitan

しかし、それ以上に重要なのが、グローバルリーダー自身がもつ能力です(上図参照)。

グローバルリーダーは、偏見や先入観にまったくとらわれない一方で、鋭い感性と深い共感力をもっている必要があります。

また、1つの外国文化だけに目を向けるのではなく、世界のどこの国の人々ともつながり、共に働くことができなければなりません。この違いが単なる「国際的なリーダー」と「グローバルリーダー」の違いなのです。

その他に必須とされる能力としては、人への敬意の念、複数の言語を操る能力、新しいリスクや挑戦に取り組む意志、そして地球市民(コスモポリタン)的行動などが挙げられます。

一般的な好奇心はもちろんのこと、文化に対して強い興味をもつことの重要性は、特に強調したいテーマでもあります。

私がグローバルな役割への適性を見るために面談や評価をする際は、いつもその人の

Note

Check Point
グローバルリーダーに求められる能力。

好奇心の強さを見極めるようにしています。なぜなら、それがグローバルな仕事に就くにあたり、最も重要な要素の1つだと考えているからです。

　好奇心溢れる頭脳には、柔軟かつ高い学習能力が備わっており、さまざまな文化に好奇心をもつことができれば、グローバルなマインドがより早く、かつ効果的につくり上げられていきます。そして、このような能力をもった人材のニーズが急速に高まっています。

あなたが得た理解と気づきは？

グローバルリーダーになりたいのなら、自分の枠を飛び出せ！

「グローバルリーダーとローカルリーダーを分けるものは何か」という
テュルパン氏の問題提起に対して、参加者からは「Flexibility（柔軟性）」という声が上がった。
グローバルで働く際にはさまざまなバックグラウンドの人々と
協働するため、多様性への対応が欠かせない。
テュルパン氏は文化的感受性の大切さについて説明を始めた。

テュルパン　グローバルリーダーはその国の慣習に従わざるをえないときもあるでしょう。しかし、それ以外のときは自分の意志を貫くこともできます。他のことと同様に、何事もバランスと状況の問題なのです。

　1つ事例をご紹介しましょう。先日中国企業がドイツ企業を買収したのですが、マネジメント側は、ある従業員に手を焼いていました。アメリカ人のマネジャーはその人をランチに連れ出し、気楽な環境での本音の話し合いを通じて背後にある問題を発見し、解決することを提案しました。しかし、中国人のマネジャーはこれをおかしな考え方だと思いました。「私が上司なのだから、この人はただ私に従えばいい、それだけのことです」というのです。

　2つの全く違うマネジメント・スタイルですよね。この状況下ではどちらが適切だと思いますか？

　答えを出すには具体的情報が足りませんが、中国人が今後よりグローバルな役割を担うようになってきたとき、このような断定的なマネジメントスタイルが効果的であるかどうかを見てみるとおもしろいでしょう。答えがどうであれ、私はその国の実情に敏感であることは常に重要だと考えているのですが、これは海外でマネジメントを経験するに従い、身につけることができるものです。

　もし20代で日本に来ていなければ、いまの私はなかったと断言できます。日本に来たことは、いろいろな意味で私のキャリアに大きく貢献してくれました。

　私がはじめて日本に留学したのは1981年ですが、当時ヨーロッパの若者としては珍しいことでした。留学する友人はスペインやイタリアといった近隣の国、あるいは米国といった西洋の国を選んでいました。私にとっても日本に来ることは大きな挑戦でした。というのも、まず、西洋人にとっては日本語を学ぶこと自体が非常に難しいからです。

　フランス人の私は、たとえばスペインへ行けば半年で流暢にスペイン語が話せるよう

になります。それは言語としてスペイン語とフランス語が似ているからです。皆さんもご自身が英語や他の西洋言語を学んだ経験から、我々が日本語を学ぶことの大変さはご理解いただけると思います。

　非常に大きなカルチャーショックも受けました。ヨーロッパへの留学に比べると適応しなければいけないことがずっと多く、だからこそ日本での経験は私にとってインパクトのあるものになりました。最初は食事にも慣れませんでした。特に朝から生魚を食べるという考えには驚かされました。

　しかし、大きな難題に挑戦することは、若者にとってはワクワクするものです。また、嫌でも自ずと多くのことを学びます。だから私は、若い人には近くの国へは行かないようにアドバイスするのです。どこか、自分の国と全く違う場所に行きなさい、なぜならそのほうが多くのことを学べるから、といいます。もちろん、誰もがそうしたいとは思わないかもしれませんが、それはそれでよいと思います。しかし、もしあなたがグローバルリーダーになりたいと思うのであれば、自分の枠を飛び出してみることをお勧めします。

日本での経験が
マネジメントスタイルに好影響

参加者A　その経験はキャリアの中で、具体的にはどのように役に立ったのですか？　テュルパン先生は「日本の専門家」になられたわけではないですよね。

テュルパン　もちろん役に立ちました。組織内でゴタゴタがあった時期に、理屈の上では私より適した人材がいたかもしれない状況で、そういう人たちを飛び越えて昇進したことがありました。

　いまでも本当の理由はわからないままですが、私が抜擢されたのは「人を扱うのが上手で、皆のコンセンサスを得ることにも長けていたからだった」とある人が教えてくれ

Note

ました。これは私が日本のビジネス慣習である"根回し"を学び、それを実践することによって身につけたことです。

　また、フランスから遠く離れることで、自分の母国をより明確に意識することもできました。私は、フランスは世界のスーパーパワーで、世界有数、あるいは最高の文化をもっていると信じて育ちました。しかし、日本や他の国で暮らすことにより、フランスをもう少しバランスのとれた、現実的な視点から見ることができるようになりました。これも私のマネジメントスタイルをよい方向に変えてくれました。

島国であるがゆえの
日本の強みやメリット

参加者B　ヨーロッパに生まれ育てば、いろいろな文化と触れ合う機会も多いように思います。近くにさまざまな文化が存在しているからです。しかし、日本は島国で、国外へ行くにはお金もかかり容易なことではありません。私たちはヨーロッパの人よりも異文化の中で旅をしたり働いたりする機会が少ないわけですが、もっとグローバルな経験をしたいと思う日本人に何かアドバイスはありますか？

テュルパン　日本は島国で、それにはメリットとデメリットがあります。私はスイスに住んでいるのですが、朝食はフランス、昼食はイタリア、夕食はドイツで食べる、ということも可能です。もちろん、日本人にはこういうことはできません。しかし、島国であるがゆえの強みやメリットも忘れてはいけません。地理的に孤立しているからこそ、歴史的に見ても日本は非常に強い独自の文化を育むことになりましたし、これが長い時間をかけて転じて、日本を非常に力強い国としての成功へと導いてきました。

　たとえば、昔のG7の会議の写真を見たとします。長年そこに写っているのは6人の欧米人とたった1人の欧米以外の人で、それはいつも日本人でした。欧米人たちは、欧米以外の国で日本だけがなぜこれほど早く「追いついて」きたのか理解できませんでした。ご存知の通り最近では勢力図が変わってきましたが、私が申し上げたいのは、島国であることは長い歴史の中で日本に大きな強みとして働いてきた、ということです。いま、日本は「次にやってくる課題は何か？」という問題に取り組む必要があります。しかし、日本人は日本文化を「克服すべき何か」としてではなく、日本文化の独自性と強さを資産としてとらえるべきだと思います。

　いろいろな文化の中で暮らしてみると「地上の楽園」など存在しないことに気づかされ

ます。どんな文化にも、長所と短所が共存しているものです。グローバルリーダーとしては、それぞれの文化からよいところを選びとること、そして短所と思われることの中から長所を見出すことを学ぶ必要があります。そのためには、読書や人から聞いた言葉も多少役には立ちますが、基本的には自分の経験の中からしか身につけることのできないものです。

参加者C　日本、中国、韓国といった東アジアの国々は、欧米と異なり「ハイコンテクスト文化」である、といわれることがあります。非言語レベルで物事を理解しやすいため、多くを語らずしてコンセンサスを得やすい、という意味です。一方、欧米ではもっとはっきり言語化する必要があるようです。私の経験からも、そう感じます。グローバルリーダーシップという枠組みの中で、これについてどう思われますか？

テュルパン　ご存知の方もいらっしゃるかと思いますが、私の妻は日本人です。2人の間で揉め事があったとき、「何で気持ちをきちんと伝えてくれなかったのか」と聞くことがあるのですが、「日本では、そんなことわざわざいわなくても自然と理解してくれるようなことだから」という返事が返ってくることがよくあります。ですから、おっしゃることはよくわかります。

　グローバルな経験が教えてくれることの1つに、「私の文化があなたの文化よりも優れているわけではない」ということがあります。これに気づくことは、グローバルリーダーになるための非常に重要なステップです。ここでのやり方と、別の所でのやり方が違ったときに、優劣を断定せず、どちらも受け入れながら、その中で最善の取り組みをすることができるようにするのです。

　私がいまの仕事とそれに伴う出張に次ぐ出張生活を気に入っているのは、どこへ行ってもユニークな人がいて、新鮮な驚きをもたらす突っ込んだ議論や交流をする機会が多くあるからです。即断を下すよりも、よい面を理解することが、グローバルなマインドをもったリーダーには必須のスキルです。

グローバルなリーダーと
ローカルなリーダーとの異なる点

参加者D　私は、世界中の文化間の差異が小さくなってきているように感じています。日本でも、これが世代間のギャップに明確に表れていると感じていて、個人的にはかなり大きな差異があると思っています。若い世代は外国人と接することにさほど違和感が

ないようです。外国人と仕事をした経験や旅行をした経験があったり、メディアやインターネットを通じてグローバルな意識を培っていたりするからかもしれません。一方、日本的とされてきた根回しや「チーム精神」が他の国々にも浸透してきている気がします。私自身、欧米で日本とあまり変わらない環境で共同作業に参加していました。

テュルパン　我々は皆同じ人間であり、ほぼ同じような感情などをもっていて、90％は共通している、と私は考えています。しかし、残り10％の部分が、人間が育ててきたそれぞれの文化の違いを反映しているのです。異なる10％にどのように取り組むのかということが、能力あるグローバルリーダーとそうでないグローバルリーダーの違いです。しかし、興味深い指摘をいただきました。異文化コミュニケーションについて講義をするとき、共通する90％の部分ではなく、異なる10％に重点を置き過ぎている面もあるかもしれません。

参加者E　私は、個人的には優秀なリーダーの資質は基本的にどこの国でも変わらないと思っているのですが、本当にグローバルなリーダー、ローカルなリーダー、国内でのリーダーとでは違いがあると思われますか？

テュルパン　グローバルに優秀なリーダーと、ローカルで優秀なリーダーに共通点はあります。コミュニケーションに長けていること、熱意があること、（コントロールできる範囲内で）リスクをとれることなどでしょうか。そう、これらはグローバル、ローカルの別を問わず、すべての優秀なリーダーに共通する資質です。

　しかし、こんな状況を考えてみてください。たとえばニューヨーク、あるいは他の大きなグローバルなハブ都市へ行ったとします。そこでは、日本でもその他の国でも成功したリーダーと、自分の国の外ではあまり成功しなかったリーダーとに出会うはずです。何かそこに違いがあるということです。

国内外で成功するリーダーと海外で成功できないリーダーの違い

参加者E　では、どのようなことがその違いを生むとお考えですか？

参加者F　私の経験から申し上げると、違いを理解しようとする姿勢というのが、1つの大きなポイントになると思います。私は日本人なのですが、ワシントンD.C.にある大きな銀行で、日本人はもちろんさまざまな国籍の人たちと働いていました。

　海外で優秀な日本人のリーダーとそうでない日本人のリーダーの最も大きな違いは、

コミュニケーション能力に集約されると私は思います。他の重要な資質としては、ハードな環境下でもカッとしたりすることなく冷静でいる能力やいろいろな意味で「難しい」人ともコミュニケーションをとり続けることができる能力が挙げられると思います。

本物の人間同士の交流が
グローバルリーダーシップを磨く

参加者G　私の上司はアメリカで大きな成功を収めた日本人の社長でした。ほとんどの人は、彼が日本へ帰国してからも成功して、真の「グローバルな社長」になると思っていました。しかし、そうはなりませんでした。詳しい事情は知らないのですが、「うるさ過ぎる」「しゃべり過ぎだ」と批判を受けたと聞いています。ですから、彼のスタイルはアメリカでは機能したけれど、自国ではしなかった、ということです。これについて、何かご意見はありますか？

テュルパン　私は、日本のビジネスマンはアメリカを重要視し過ぎていると思っています。グローバルリーダーは、1つだけでなくさまざまな異文化を経験する必要があります。たとえばネスレ社には、経験を積み過ぎる前の若くて柔軟性の高いうちからグローバルリーダーを育てるための手法があります。どこか遠くへ赴任させるのです。ニューヨークや東京やシンガポールという場所ではありません。たとえばモザンビークといった、文化が著しく異なり、日々の生活の快適さが低いような場所です。そして2〜3年するとまた違うところへ赴任させるのです。これはネスレ流の若い従業員の育て方・選び方で、強制的によりグローバルなマインドを身につけることになります。

　余談ですが、いまスイスでは日本を含む100の放送局のテレビ番組を見ることができます。私は中国語を話すことはできないものの、ときどき中国のニュースチャンネルを15〜20分ほど見ています。言葉はわからなくても、ニュースキャスター同士のやりとりを見るのがおもしろいのです。ニュース番組も、中国と日本、アメリカとイギリスと

Note

では全く異なり、たとえ話している言語がわからなくても、人がどのようなやりとりをするのかを見ることによって、文化について多少なりとも学ぶことができます。このようなことを通じて、私は行ったこともなければ話す言語もわからない国の「文化の枠組み」を垣間見ることができています。

グローバルリーダーについて議論するとき、地理的な要素に少し重点を置き過ぎるのかもしれません。たとえば、パンや焼き菓子を誰も「伝統的な日本食」だとは思っていませんが、日本には世界トップクラスのパン屋がいくつもあります。好奇心、常に新しいことを学ぼうとする姿勢、自分にとって楽な領域(Comfort Zone)から踏み出してみようという気持ち、といった要素が重要な気がします。

参加者H　日本以外で暮らしたことがなく、日本語しか話せないが、グローバルに非常に成功している日本の化学会社のトップを、私は知っています。こういう人も「グローバルリーダー」だといえるのでしょうか?

テュルパン　私が個人的にその方を知っているわけではないので、何ともいえません。しかし、グローバルリーダーにとって、人に対する優れた判断力をもっていることは非常に重要です。たとえば、リーダーが適切な人材を海外へ送ることによって、その人材がグローバルな成功を収めることもあります。もう1つ忘れてはいけないことは、よい商品があってそれに勢いがあるときは、それがどこの国のものであっても誰も気にしないということです。

グローバルな成功にはさまざまな要因があり、それも産業によって異なります。そして事業や商品がグローバルに成功することと、グローバルリーダーが個人として成功することとの違いは、きちんと見分ける必要があります。

グローバルリーダーが身につけるべき
グローバルなマインドとは?

参加者I　お金がかかるから、日本人には海外で働く機会を見つけたり、海外を旅したりすることが難しいとおっしゃった方がいました。たとえばインターネットを利用して「バーチャル」にグローバルなリーダーシップスキルを開発することは可能でしょうか。

テュルパン　私はグローバルリーダーがインターネットを通じて育てられるとは思いません。多くのオンライン講座があって、特定のスキルを磨くのに適したものはありますが、グローバルリーダーシップには本物の人間同士の交流が必要です。

参加者J 特定の文化についてこうすれば理解できる、といった話をよく聞きますが、異文化の中でパーソナリティのタイプ別のマネジメント方法についてはどうでしょう。文化間の差異だけでなく、異文化の中でさらなる違いに対しての、より「細分化した見方」はどのようにして身につけることができますか？

テュルパン グローバルなマインドが必要ですね。グローバルなマインドがあるとは、認知のマネジメント、自己のマネジメント、そして関係のマネジメントがきちんとできているということです。

認知のマネジメントというのは、どのようにして新しい情報や曖昧な情報を理解し、判断していくか、ということです。

これには異文化への探究心と好奇心、曖昧さの許容、違いよりも共通することに重きを置くスタンス、そして断定的にならない姿勢が必要です。

関係のマネジメントは、他の人との働き方です。人全般を好きであること、人との交流を楽しめることが必要です。個人間で強い結びつきを築くことができ、感情に敏感、社交生活において柔軟であり、しっかりとした自己認識をもっている必要もあります。

そして第3の要素が自己のマネジメントです。グローバルリーダーは楽観的で、自分に自信があり、自分の意志をもってすれば必要なことは成し遂げられる、と信じていなければなりません。

また、柔軟であるのと同時に明確なアイデンティティをもっていること、感情のブレが小さく、高いストレス耐性をもっていることが望まれます。

参加者K 日本人は学校で、いつも「正しく」あることを教えられて育ちます。このため失敗することを恐れるようになり、それがある種の臆病さにつながることが往々にしてあります。また、日本文化が控えめであることを是とし過ぎるため、自信に欠けているようにも思います。どうすれば日本人はもっと自信をもつことができるのでしょうか。

ありのままの自分に抵抗をもたないことが自信の土台となる

テュルパン 先ほども申し上げた通り、違いを受け入れることが大事です。優劣を決めつけてはいけないのです。これはどの国出身のグローバルリーダーに対してもいえることです。つまりグローバルリーダーは、他者だけでなく自分自身のことも受け入れなければいけないのです。従っていつも自分が悪い、と思う必要はありません。

他者を受け入れると同時に、相手もあなたを受け入れるべきであることを覚えておいてください。日本人は「アメリカ人のようにはっきりと、率直に」話せるようにならなければいけない、という人がいます。しかし、なぜ自分の内面を変える必要があるというのでしょうか。あなたと関わる人のあなたに対する評価は、あなたの自分に対する評価と同じではありません。ですから、そんなに自分を卑下する必要はないのです。そうすればありのままの自分であることに抵抗がなくなり、それこそが自信の土台となるものです。

　最後にグローバルに活躍するための能力開発に向けた5つの提案を話して終わりたいと思います。

1、自分の認知のバイアスを自覚すること。
2、自分がどのように物事や人を評価しているかを敏感に意識すること。
3、ダイバーシティを推進すること。
4、好奇心の強い人を雇い、国際的な経験を積むことを評価すること。
5、グローバルリーダーを育成することに資源を注ぎ込むこと。

　そうすればその先に成功があると、私は信じています。

2013年4月10日に行われた「第3回 地球人財創出会議レポート」の内容を再構成

あなたが得た理解と気づきは？

東洋思想と
グローバルリーダーシップ

この数十年間のグローバリゼーションは、
欧米のロジックが中心となっている。
それに対して私たち東洋人は
どのように対峙していけばよいのか。
果たして西洋人のやり方を
学ぶだけでいいのだろうか。
日本人のリーダーとして、いかに
グローバル化と向き合うべきかについて、
東洋リーダーシップ論の
第一人者・田口佳史氏が語った。

田口佳史

**老荘思想研究者、一般社団法人
「東洋と西洋の知の融合研究所」
理事長、株式会社イメージプラン
代表取締役社長**

1972年、株式会社イメージプラン創業。以来30数年2000社にわたる企業変革指導を行う。40年以上中国古典思想を研究しており、中国古典を基盤としたリーダー指導は多くの経営者と政治家を育てた。企業、官公庁、地方自治体、教育機関など全国各地で講演講義を続け、1万名を超える社会人教育の実績がある。『超訳 孫子の兵法』（三笠書房）、『リーダーの指針 東洋思考』（かんき出版）など著書多数。

東洋的リーダーシップの基本は、「業績」「優しさ」「徳」

まずは、簡単に東洋思想についてお話をさせていただきます。

現代のビジネスパーソンは、近代西洋思想、合理主義の下で学識を広められた方が多いはずです。さらに西洋に留学された方もいるでしょう。このように、我々は東洋人であり日本人であるけれど、西洋流の教育を受けてきました。これは絶対的にもっと磨いたほうがいいと思いますが、今後西洋人とグローバリゼーションを興していかなくてはならないというとき、それだけで西洋人に勝てるのでしょうか。もちろん西洋流の教育だけで勝てる人もたくさんいますが、そこに東洋的思想や東洋的価値観、東洋的な理法をプラスして身につけられたら、勝てないところがなくなります。

西洋思想の最大の特徴は、「真理は外側にある」ということです。従って誰にでも見えるよさがあります。たとえば、まだできあがっていない研究の成果すら見える。10段階で真理に到達できるとして、Aさんが3段で終わったらBさんが4段から7段まで、そこでBさんが終わってもCさんがその後を継げるのです。

西洋思想というのはまず「見ることができる」、そして「継げる」。非常に普遍性のあるものです。もう1つは、何といっても全てアウトサイドから来るのだという考え方です。ですから我々の幼稚園、小学校からずっと続けてきた学びの方法は「すべて外側から」という考え方です。

しかし、東洋はそうではありません。東洋はまず「全ては自分の中にある」という考え方です。たとえば、「なぜ人間に生まれてきたのですか」と聞くと、「人間に生まれることを天命として人間に生まれてきた」となります。

どうしても人間に生まれたいというのであれば、人間ならではの使命、天命を負わなくてはいけない。それは天に代わってこの世をよくしていかなくてはいけないということです。万物斉同※といって、全ての面倒を見なくてはいけないのが人間なのです。生きとし生けるもの、地球上の全ての面倒を見なくてはいけない。

Note

※ 古代中国の思想家・荘子の思想。元をたどれば、すべてのものは等しいという意味。

私はそれを「地球の世話」といっておりますが、地球の世話をするために生まれてきたのが人間なのです。自分の中にある、仏教でいえば「仏性」、他の表現をすれば「天命」、それから神的なもの。そういう自分の中のものに気づくかどうかが重要なのです。これは他人から教えてもらうものではありません。

　仏教は英語でBuddhismといいますが、これは「Buddha（ブッダ）」から来たものです。「Buddha」とは目覚めた人という意味です。自己に目覚める、自分のすごさ、自分の中にある仏性神的なものに目覚めることが必要です。

　仏法は「本来本法性、天然自性身」といっています。「本来本法性」というのは、人間は本来仏性をもっているのだということ、「天然自性身」というのは生まれながらに悟りの要素をもっているのだということです。

　ところが、鎌倉時代の僧侶で曹洞宗の開祖・道元は、仏性も悟りももっているのに、なぜ修行をしなくてはいけないのかという疑問をもちました。

　彼は、もっているけれど修行をしなければ現れずといっています。悟らなければ悟った自覚がないといっているのです。

　つまり「修証一等」、修行も悟りも全く同じことだということです。どっちが先でどっちが後ということではなく同じことなのだと。

　そのずっと後、高名な茶人の千利休が「侘び茶の心はどういうものなのですか」という質問に対し、「仏法修行の心を呈して悟りを開く道を歩むことだ」といっています。つまり、道元がいっていることと全く同じで、自分の本道とか本業を通してそれを修行だと思ってやるところに実は生きている意味があるといっているのです。たとえば、会社勤めをただ「収入のため」とか「就職先だから」という気持ちでとらえず、「修行」として勤めるというわけです。

　修行として勤めることと、ただ勤めることのどこが違うのかというと、1つひとつ心を込めて丁寧にやるのかどうかです。そういった勤労観が日本にはあるということを、ぜひ忘れてほしくないと思います。

　つまり東洋思想というものを何年もかかって生き方に変えていく、さらにそれを勤労

Check Point
修行として勤めることと、ただ勤めることの違いは、心を込めて丁寧にやるかどうか。

Note

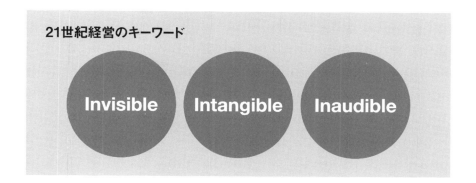

ということの意味づけにしっかり使っている。

そこまで深く身に染みて東洋思想が生きているということを忘れないでくださいということを申し上げたいのです。

東洋思想の主張の柱は、まず全ては自分の中にあるということ。そして、もう１つは見えないものを見るということです。西洋思想、特に合理主義科学は見えるものを対象としていますが、東洋思想は見えないものを見ることが最大のポイントになっています。

最近アメリカから送られてくる経営書を散見すると、21世紀の経営思想のキーワードとして「Invisible」「Intangible」「Inaudible」などがよく出てきます。たとえば、「Invisible Assets」、つまり「見えない資産」といったものにいかにアプローチしていくかが重要だといっています。そういった意味ではどんどん西洋社会が東洋社会に近づいてきています。

陰陽論の応用を示している易経の図（次ページ図参照）を見てみましょう。「当たるも八卦当たらぬも八卦」とよくいいますが、あれが「易経」です。大本は一番下の「太極」です。これは他の言葉でいうと「元気」です。宇宙の根源の「元気」という言葉を日常で「元気ですか！」と使っている日本人はすごいですね。

太極は何からできているのかというと「陰」と「陽」です。陰は内部に入ってくる求心力

Note

Check Point
東洋思想の特徴は見えないものを見ることにある。

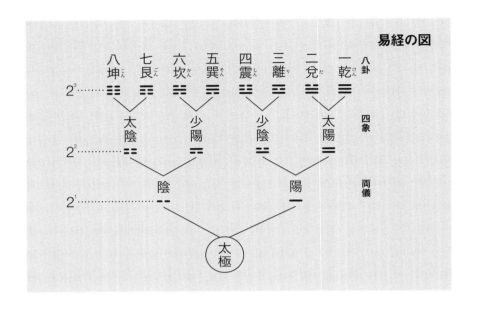

です。充実革新を表しています。陽は発展拡大を表しています。この世は全て陰陽でできていて、現象も全て陰陽で成り立っています。景気の変動も全て陰陽のWaveで成り立っているといえます。

　松下幸之助さんが「好況よし、不況もっとよし」という言葉を残しています。なぜ「不況もっとよし」なのかといえば、不況のときに徹底的に充実革新できるからです。ですから次が楽しみになる。発展拡大だけならそれは消滅を意味しています。消滅を避けるために、経済活動にもちゃんと陰が用意されていて、我々はそれを不況と呼んでいます。

　大リーガーのイチロー選手がなぜあの年まで現役で活躍できているのか。それはスランプがあったからです。スランプというのは、自分を充実革新させ、またこれから新たな自分が発揮できるきっかけになる。なんてありがたいものなのでしょうか。

　つまり、陰陽論とはそういうものなのです。陰陽的な考え方ができるようになると、一喜一憂せず、スランプや不調を「充実革新の時期」ととらえていくことができ、やがて

Check Point
不況は充実革新の好機。

Note

また発展拡大の時期を迎えることができるのです。

　そうした「陰陽」のことを「両儀」といいます。陽の中にも陰の中にもさらに陰陽があります。それを「四象」といいます。それだけでもかなり多様性がありますが、さらにそれを陰陽に分けているのです。それが「八卦」です。

　要するに3つの重なり合いをもったものが8つあるということです。こんな多様性は他にはないです。さらに易経は6つの爻と呼ばれる線で表しています。ですから多様性というものをごくごく自然に見ているということです。

　とはいえ、実際の社会で異質なものや多様なものが触れ合うということになると、そこにはさまざまなぶつかり合いが生じることもあります。では、そういうものに対して東洋思想はどのように対応していくのか。日本の文化の中に「和魂漢才」という言葉があります。昔から日本には中国からいろいろなものが伝来しました。遣隋使、遣唐使の律令制度、さらに前の時代に聖徳太子によって定められた「冠位十二階」という制度も中国由来です。かといって手当たり次第に外来文化を取り入れたのかというとそうではなく、やはり日本独自の神道、神信仰についてはかたくなにそれを守っているところがありました。根本的に日本を表しているものはしっかり押さえておいて、それがうまく花開く1つの方法として外来文化を大胆不敵に使っていたのです。

　つまり、異なる文化のぶつかり合いにより、コアになっている「純日本的なもの」を強化したわけです。その伝統は江戸時代までずっと続きました。明治時代以降になると「和魂洋才」が「洋魂洋才」のようになってしまい、よくわからなくなってしまいました。ですからもう一度、本当に日本的なるものがどういうものなのかということを我々は考えたほうがよいと思います。

　冒頭で西洋思想や西洋の考え方も大事だけれど、それだけではなく東洋の考え方をもつことで無敵になるとお話ししましたが、現実にそれを実践しようとした経営者がいます。スティーブ・ジョブズです。

　私は生前のスティーブ・ジョブズに何回か会ったことがありますが、彼は東洋思想の

Note

知識に通暁していました。特に禅の知識などは一級でした。彼はよく「人は形を見せてもらうまで自分が欲しいものがわからないものだ」といっていました。その言葉が意味するところは、CS調査とか顧客調査なんかをしても顧客のことは見えてこない、顧客の心をよく読み、相手の欲しがるものを提供できてこそのプロだということです。そういうレベルを彼は目指していたわけです。生きていたらもっともっとすごい仕事をやっていた人だと思います。惜しい人を亡くしました。

実は、アメリカにはスティーブ・ジョブズに匹敵するような人はたくさんいます。私は以前カリフォルニア州のパロアルトというところに滞在していましたが、そこには東洋思想に強い関心をもつ人が大勢いました。日本人よりよっぽど東洋思想を勉強している人がたくさんいます。そういう人がヒューレット・パッカードの上のほうにいたりするのです。あの辺りでは十二分に東洋思想が生きていました。私がいたのは15年くらい前でしたが、その当時ですらそういう状態でした。

最後に、「リーダーシップ」についてお話しします。
『易経』『書経』『詩経』『春秋』『礼記』というのが儒家の思想の五経です。この中の『書経』にリーダーシップとは何かが延々と書かれています。その中に「放勲欽明文思安安」(ほうくんきんめいぶんしあんあん)という言葉が出てきます。「放勲」の「勲」とは武勲のことですが、現代のビジネスパーソンに合わせた表現に置き換えれば「業績くらいは上げておけ」という意味です。

では、どうして業績を上げなくてはいけないのか。業績を上げた人でなければ部下がついていかないからです。業績を上げるには創意工夫が必要不可欠ですから、その過程で部下の指導がものすごくうまくなります。「欽明」とは、「誰の目にも明らか」という意味です。誰の目にも明らかな業績を上げ、上手に指導してくれるリーダーには部下もついていこうと思うというわけです。

「文思安安」の「文」というのは心のあやです。「文思」とは心のあやも見出すくらいの思いやりをもっているかということです。「安安」とは「安定的に」の意味。つまり機嫌のい

Check Point
確固たる実績と部下への思いやりが東洋的リーダーシップの基本。

Note
．．．

．．．

．．．

いときだけではなく常にということです。

　腕っぷしは強いけれど優しさもあるというのが儒家の思想の東洋的リーダーシップの基本であることを表しています。

　もう１つは「徳」、英語で言うと「Virtue」です。最近アメリカのいろいろな企業でCorporate Philosophyを聞くと、「徳」とおっしゃる方が増えてきました。中国古典には一定の定義がありますが、「徳」の定義は「自己の最善を他者に尽くしきる」ということです。

　松下幸之助氏はずっと「経営者の条件は運が強いことだ」といっていました。まだ35歳くらいだった生意気盛りの私は、その言葉を聞いて反論代わりに「運を強くするのにはどうすればいいんですか」と聞いたら、「それは徳を積むことだ」といわれました。人間は人生の中で何度も「これでおしまいだ」という絶対的危機というものが来る、でもそのときに助け舟が来るかどうかが重要だということです。助け舟が来ないでそのまま沈没した人もたくさんいるそうです。

　確かに自分のところのトップが運の弱い人だったら、少し困りますよね。ですから経営者の条件として「運が強いこと」といったのは名言だと私は思いました。しかしその基本は「徳」だという。

　「この人に徳を示したからといって、その人から返ってくるということは全くなかった。全く違うところから返ってくるのだよ。だから１日１人に対してでいいから自己の最善を尽くしてごらん。数にしたら１年で365人の感謝の人間関係ができる。そのために業務があるのだ」と幸之助氏はいいました。業務というのはお金を稼ぐためだけでなく、会社の人間関係を稼ぐためにもあるのだといい続けていました。

　揺るぎない実績と他者への優しさ、そして「徳」の積み重ね。それがリーダーシップのカギになると私は考えています。

第3章　"地球的"であれ！

あなたが得た理解と気づきは？

西洋流の思考法に東洋式の解決方法を合わせもて

グローバル化といえば、英語力をはじめとする
西洋由来の知識や教育が重視されがちな中、田口氏が説く東洋思想を
取り入れることの重要性は、参加者に新鮮な気づきをもたらした。
インタラクティブセッションでは、質疑応答を通じて、
東洋思想とリーダーシップの関係がさらに深く掘り下げられた。

参加者A 私はグローバル人材育成の仕事をしておりますが、日本人が元々もっているはずの東洋思想や日本人の強みを認識していない人が多く、それが外から見ると自信のなさに見えるところがあり、そのことを非常に残念に思っています。

そのような人たちが自信をもてるようにアドバイスしたいのですが、どのような形で伝えればよいのでしょうか。

田口 一燈照隅※という言葉があるように、自分の周りからでいいので論語の勉強会などを実施して積み重ねていくしかないと思います。そういう地道な作業があっていいのではないでしょうか。

先日、私は長野で佐久間象山の世界的意義について話をしてくれといわれ、佐久間象山顕彰会というものに参加してまいりました。次いで鹿児島で「西郷南洲と民主主義」というテーマで話をしてくれという依頼があったので、行ってまいりました。こういった地域の偉人の顕彰会がもっとあってもよいと思います。それを通して偉人たちがどういう勉強をしたのかを知るべきだし、そういうところから強化していくのもよいのではないかと思います。日本の中で名だたる学者がいなかった藩は1つもありません。どの藩でも全国区の学者が1人はいました。ですから絶対、顕彰できます。ぜひやっていただきたいと思います。

個と集団のバランスをとることが
東洋思想の特徴の1つ

参加者B 西洋人のいわゆるガラス張りで外から見てよく見える思想というのはよくわかります。東洋思想はどちらかというと精神論というのもよくわかります。マーケティングに関していえば、日本には、第二次世界大戦以前にはマーケティング自体なかったのです。でも、西洋はお客様が何を望んでいるのか、どういうところに何が売れるのか

※ 天台宗の開祖・最澄の言葉。「一燈照隅　萬燈照国」で、「一隅を照らすような小さな灯火でも、その灯火が増えれば、国中をも明るく照らすことになる」という意味。

を、ものすごく勉強していました。いま、会社のトップはマーケティング出身の人が非常に多いです。西洋の世界、あるいは商売の世界ではマーケティングが非常に盛んであるにもかかわらず、東洋人は立派な文化があったのにそれをうまく活かしていない。世界はいま、ものすごいスピードで変わっています。それに対して精神論を唱えるだけでは対応できないと思うのです。そんなグローバルな中における東洋思想をもったリーダーシップについてどうお考えになりますか。

田口 日本はすごくよいところはたくさんありますが、改めたほうがよいところもたくさんあります。その最大のものは前政権の全否定です。明治になってから、江戸時代にやったことを全否定しました。そのため江戸時代の資料を集めるのが本当に大変でした。多くを破棄してしまっていたからです。戦後になったら今度は戦前を全否定です。残すべきものは残し、それを活かしながら外からのものを取り入れていくという方法を取らないと、これからの時代は不利です。ですから、そういうところは改めていかないといけないと思います。

　また、日本人は元々、伝統的なよいDNAをもっているので、ほんの2〜3年正しい東洋の教育を受ければ、皆、発揚してくるものがあります。本当にやろうと思えば1〜2年で立派な人間がつくれると思います。ですからそんなに悲観する必要もないと思いますよ。

どちらかを取るのではなく
両方取ることが最適解

参加者B でも周りが協力的でないと、いくら優秀でも1人ではできません。そこで必要になってくるのが、チームワークとか和という東洋の感覚ですが、そういうものが商売に活かしきれるものなのでしょうか。

田口 東洋の考え方というのは、個と集団がバランスをとることにあります。西洋はどちらかなのですが、東洋は個と集団、あるいは個と組織といったもののバランスをどうとっていくかという発想をします。個としても立派でなくてはいけないし、集団としても立派でなくてはいけない。両方を考えていくアプローチです。我田引水の極致になりますが、なぜこんな素晴らしい思想を取り入れないのかと私は思っています。ですからぜひ実施していただきたいと思います。

参加者C 私は韓国から来て、日本でデザイナーの仕事をしています。韓国では年配の人を尊敬するという美しい習慣がありますが、それが組織の中に入ってしまうとグローバルな社会において問題になることもあります。東洋思想は私たちが勉強すべきものだと思いますが、現状、副作用もあるのではないかというのが心配です。また、どのように東洋思想を活用すればよいのでしょうか。

田口 冒頭で申し上げておりますが、本日お越しの皆様は西洋の学問を習得されているというのを前提にお話をしています。ですからそれを全て捨てて東洋思想にしなさいというものではありません。もっといえば、せっかくもっている西洋の知見をもっと磨く必要もあります。しかしそれは西洋の人も磨いているのです。ですから独自性ということからいえば、プラス東洋思想という発想とか考え方をもつことによって、西洋思想、東洋思想の両方がもてる。その強さがこれからの東洋の人間に要求されているものだと思います。さらにいま、西洋側が「Invisible」とか「Intangible」といった東洋寄りの経営思想のキーワードを掲げています。

　西洋的な二元論でいうと、どっちを取るかという解決法の話をしているのです。たとえば「コストダウンとサービスアップ、どちらを取りますか」という話になったとき、「業績もあまりよくないからコストダウンを取りましょう」という解決をした場合、これは50点の解決法なのです。これをずっと繰り返していると「50点企業」になってしまいます。西洋はもうその誤りに気づき始めています。一番よい答えは「両方取る」なのです。これはComplementとかComplementaryという陰陽メソッドになります。

　コストダウンとサービスアップの両方を取ったという例はたくさんありますが、ここでは宅配サービスを例に挙げます。宅配サービスというのは荷物を届けるまでの全てがコストになります。ですから一回で荷物を送り届けられればかなりなコストダウンになります。一方、顧客からしてみれば「いつも不在通知が入っている。自分のいる時間を確認して、届けてくれるサービスがあればいいのに」と思っています。これは表裏一体の話なのです。そこで時間指定を始めました。顧客からしてみれば、自分の都合のいい時間に届けてくれるよいサービスが始まってくれたと思いますが、実はものすごくコストダウンにもなっているのです。このような発想は西洋にはありません。これは東洋式の解決方法です。先ほどいっていたマーケティングというような西洋流の思考法は全て習得してあるのですから、プラスここで東洋式の解決方法が取れればこれは無敵です。

非常に強みが発揮できます。

参加者D 同じ東洋思想をベースにもつという意味で、日本人あるいは日本企業が中国企業を理解できると思うのですが、大半の日本企業は中国企業の理解に苦しんでいるというのが現状です。それはなぜなのでしょうか。また、私の教え子を含めて最近日本の若手で中国の多国籍企業に勤めたいという人が増えています。彼らの大半は日本思想について脆弱で勉強していないのですが、そういう彼らが中国の多国籍企業に行って育つのかどうか、あるいは活躍できるのかどうかというのが不安なのですが、どう思われますか。

中国で育まれつつある
新たなタイプのリーダー

田口 まず、なぜ中国企業を理解できないのかというと、中国には1840年のアヘン戦争以降、急激に経済成長をして国力を上げていかないとまた悲惨な状況になるというトラウマが根強く残っている。そのためものすごく強引で、チャンスが来たら逃してはいけないと思っています。ですから少し長い目で見る必要があります。日本人が兄貴分になって訓戒を垂れ、指導してあげる必要もあるでしょう。中国では最近、京セラの稲盛和夫さんがブームになっていて、稲盛さんが話をするとなると3万人の経営者が聞きにくるそうです。現在の経営者は二分化されているといってもよいと思います。旧来の強引なタイプの経営者ばかりではなく、いままでのやり方を懺悔するというタイプの企業経営者も出てきているのです。その彼らに期待したいと思います。ですから日本文化を語れなかったとしても、日本的経営の精神が実践できれば、歓迎してくれる中国の経営者も多いと思います。

ただ、日本思想を理解していない若い人が中国多国籍軍で育つかどうかは大いに疑問です。私が知っている、成功している中国人の若手企業経営者は、欧米留学組です。留学をして生まれたところに帰ってきた「ウミガメ派」なのです。アメリカンキャピタリズムとよくいいますが、アメリカンキャピタリズムの雰囲気と現代中国の雰囲気は非常に似通っています。

一方、かつての私の生徒で、ハーバード大学のシニアフェローをずっと務めた日本人がいますが、彼によると日本人の留学生は非常に少なくなってきて、さらにハーバード流の討論会などにも入って行こうとしない、切り込んでいけないらしいです。しかし中

国人は、英語があまり得意でなくても、思い切って切り込んでいく部分があるそうです。なぜかといえば、アメリカに留学するまでに、ものすごく戦ってきたからだそうです。中国国内で厳しい選抜試験があって、鍛えられてきたからです。人口の多さが強みとして出ているのです。ですから日本でも若手をもう少し鍛えてから、中国の多国籍企業に送り込むべきだと思います。

思想の違いによる生活習慣の違いなどを学ぶことも大切ですが、魂の問題、心の問題というところまで降りると、それらは実は大した問題ではありません。それよりも、人間と人間の心の交流ができるようになることのほうが重要です。そうしたことも含めてのトレーニングが必要です。

日本人の「個」を強くするには「規範」を取り戻すことが必要

参加者E 終身雇用や年功序列などの日本が大切にしてきた制度は、今後、日本企業が生き残っていくに当たって維持していくべきなのか、それとも変えていくべきなのか、先生のお考えをお聞かせください。

田口 反対に質問ですが、その制度の長所と短所を挙げてもらえますか。

参加者E 長所を挙げれば、終身雇用は日本企業の大事にしている文化を長期的に培えるということです。短所としては、年功序列は若手が育たない。またダイバーシティだとかグローバル競争で打ち勝っていくために外国人の力を使うことができないというところがあります。

田口 いままでは、たとえば「終身雇用はやめよう」というように、どちらかを取らなくてはいけないといっていたからだめなのです。これからは両方を取らなくてはいけません。日本を代表する哲学者の西田幾多郎が「絶対矛盾的自己同一」といっています。相反する2つの対立物が対立したままの状態で同一化するということです。でも、絶対的に矛盾していることを自己同一するには苦しみが伴います。その苦しみを乗り越えていただきたい。いまはそういう時代です。それが本当の意味でのグローバルな時代の日本的経営です。それをつくりましょう。

参加者F 恐らく戦後の教育によるものが大きいと思いますが、日本はまだ個が弱い気がします。組織力はあると思いますので、個が強くなればもっと素晴らしい、強い国に

なれると思っています。個が弱いというのは日本人としてのアイデンティティがなくなってきているからなのかと思うのですが、これはどう育てていくべきなのでしょうか。

田口 戦後、規範形成教育がなくなりました。「規範」というのは英語でいうと「Norm」です。「Normal」というのはここから来ています。いま、日本人は何が「Normal」なのかわからない。それは江戸期にはあった規範形成教育が、戦後なくなってしまったからです。まずは規範形成教育を取り戻さなくてはいけない。

かつて評論家の山本七平さんがいっていたように、基本的に人間は規範がないまま、行動したり決断したりすることはできないのです。規範がないと、自分勝手な基準をつくってしまう。ですから非常に自己満足的・自己中心的な基準をもつことになる。それを普遍的な基準だと思って行動していては、何が起こるかわかりません。まずは規範を取り戻さないとだめです。

高津 自分なりのアイデンティティを見つめ直したり、あるいはそこに目覚めたりすることが大事だということですね。その自分のアイデンティティの中に日本人であれば日本、韓国人であれば韓国の、それぞれの文化なり考え方というものがあって、それを自分の強みにしながらいろいろな人と働いたり、あるいは戦っていったりするのが大事なのだと思いました。

ぜひ、自分自身はいったい何によって立っているのだろうか、自分に天命があるとしたら何なのだろうかということをもう一度考えてみてください。あるいは自分の組織において、わが社は何を目指し、何を実現しようとしているのかといったことを、もう一度考えてみてください。それがわかった上で、世界中のいろいろな人材や企業とコラボレーションができたり、共に働けたりする世の中ができると理想的ですね。

2014年9月30日に行われた「第11回 地球人財創出会議レポート」の内容を再構成

あなたが得た理解と気づきは？

グローバルで活躍できるイノベーション人財の具体像に迫る

グローバルでビジネスをするには、
イノベーションを創造できる人財が必要不可欠だ。
イノベーションを「多様な知恵・知識・見識を
組み替えて、顧客が対価を払ってもよいと感じる
新しい付加価値を世の中に生み出すこと」と定義する
西口尚宏氏が、非連続なイノベーションを
生み出す人材育成について語った。

西口尚宏
一般社団法人 Japan Innovation Network（JIN）専務理事

日本長期信用銀行、世界銀行グループ、マーサー社ワールドワイドパートナー、産業革新機構執行役員等を経て、2014年1月より現職。経済産業省フロンティア人材研究会の提言実行を行うJIN発起人の1人。「大企業からイノベーションは興らないという定説を覆すこと」に注力。経済産業省、文部科学省の委員会委員歴任。東京大学i.schoolエグゼクティブフェロー。在米8年のビジネス経験を有する。

提言 新しい顧客価値、新しい市場を創造せよ

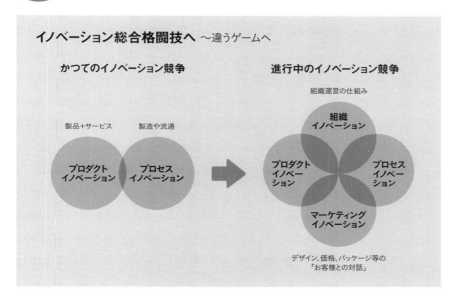

　海外ではイノベーションがどうとらえられているのか、OECDの統計データを基に解説していきます。

　かつて、イノベーション競争は「プロダクトイノベーション（製品＋サービス）」と「プロセスイノベーション（製造や流通）」において起こっていました。

　しかし、現在進行形のそれは「組織イノベーション（組織運営の仕組み）」「マーケティングイノベーション（デザイン、価格、パッケージ等）」が加わった4つの組み合わせになっています（上図参照）。ちなみにテクノロジーイノベーション（技術革新）は当たり前のことであり要素にすらなっていません。

　世界におけるイノベーション議論では、プロダクトやプロセスに限らない幅広い分野

Check Point
4つの分野で発生しているイノベーション競争。

イノベーションに関わる企業人の典型的な悩み

●新成長事業・製品を生み出したいのだが……

1. 新しいアイデアやテーマを生み出し、事業化する人材がいない。
2. そのような人材を育成したいが、既存の人材育成では対応できない。
3. 新規事業プロジェクトは多数あるのだが、具体的なコンセプト化や事業モデル・製品の形にたどりつくプロジェクトは稀だ。
4. グローバルに打って出る必要性は痛いほどわかっているが、輸出主導型モデル以外やったことがない。現地発イノベーションなど、どうやっていいかわからない。
5. 日々の業績向上が焦点であり、新しいことに挑戦しにくい環境だ。
6. アジア諸国が追いついてくる姿は、正直悔しい。自社も勝てるはずだと思うのだが、ブレークスルーのきっかけが掴めない。アジア勢と何が違うのか？
7. 社内ベンチャー制度やビジネスコンテストもあるが、いまひとつぱっとしない。社内の知恵を使う手法はないのか？

（1〜3：人に関わるもの／4〜7：組織に関わるもの）

でイノベーションを興すという、日本とはまったく違うゲームとなっています。

では、イノベーションに関わる企業人の典型的な悩みは何かというと、「人に関わるもの」と「組織に関わるもの」が多いようです（上図参照）。

人に関わる悩みをまとめると、事業創造ステージと事業立ち上げ・発展ステージの2つに分けられます（右図参照）。

1つ目の事業創造ステージには、「1.問題意識〜2.コンセプト〜3.事業モデル」というフェーズが存在します。

このステージを担う人材は経営者教育や人材育成の対象外であり、定石やノウハウは試行中もしくは体系化されていません。また、事業創造は個人技に依存しており確度が低い、というのが現状です。

事業創造ステージでの課題としては、問題意識をもつが実現できず、多くの人はコン

Check Point
イノベーションにおける2つの悩み。

Note

企業規模にかかわらず、問題意識をコンセプト化し、事業モデルを構築することが不得意

事業創造ステージ

1. 問題意識	2. コンセプト	3. 事業モデル
●義憤や面白がりを通して解くべきテーマを見つける	●生活者視点を起点とした顧客価値を定義	●顧客価値の収益化ロジック&ストーリー

経営者教育・人材育成の対象外
定石・ノウハウは試行中・体系化未済
例）デザイン思考
事業創造は、個人技に依存で、確度が低い

↓

典型的な課題
- 問題意識をもつが実現できない人
  → コンセプト化、事業モデル化の段階で挫折。
- 新規事業担当
  → ネタが見つけられない人も多い。
- 経営陣を巻き込めない

事業立ち上げ・発展ステージ

4. 事業計画	5. 事業立ち上げ	6. 事業拡大
●リソース獲得・分配の詳細 ●収支計画	●スタートアップ ●事業運営実行	●安定稼働 ●事業拡大

経営者教育・人材育成の主流
定石・ノウハウも豊富で体系化済み
例）シックスシグマ

↓

典型的な課題
- 立ち上がった事業
- コンセプトや事業モデルが不明確なまま事業計画が立案・実行
  → 失敗。
- プロダクトアウト思考
  生活者視点が抜けたままの事業計画が承認 → 失敗。

セプト化、事業モデル化の段階で挫折するということが挙げられます。また、新規事業担当者であっても、ネタが見つけられない悩みをもつ人も多くいます。

　2つ目の事業立ち上げ・発展ステージは、「4.事業計画～5.事業立ち上げ～6.事業拡大」というフェーズに分けられます。このステージを担う人材は経営者教育や人材育成の主たる対象であり、定石やノウハウも豊富で体系化されています。

　しかし、事業創造ステージにおけるコンセプトや事業モデルが不明確なまま事業計画

Note

を立案・実行したため、失敗に至るケースも少なくありません。また、プロダクトアウト思考が勝ち、生活者視点が抜けたままの事業計画を承認した結果、失敗に至るケースもある、などが典型的な課題です。

書店などに多数並んでいるイノベーション関連の書籍は、ほとんどが「事業立ち上げ・発展ステージ」に関するもので、失敗する例も含めて体系化されている一方、多くの企業が「事業創造ステージ」を体系化して取り組む重要さに気づいていません。

できる個人がたまたま新しいアイデアを生んだ、たまたまいい上司に出会って実現した、ということが起こりがちです。新しいものを生み出すためには、事業創造ステージの組織能力を強化することが重要であり、事業計画をつくる能力とともに事業創造をする能力を強める必要があります。

では、事業創造ステージで重要な人材育成をどう考えるべきなのか。まずは、技術と深層ニーズを軸としたマトリックスで考えてみましょう(右図参照)。

誰もが気づいている課題を「現存技術」で解決する場合は、激烈な競争が発生し、「未来に存在する技術」での解決はいずれ真似されます。

日本のコンテクストでは、技術面におけるこの方向(「現存技術」→「未来に存在する技術」)の活動がイノベーションと理解されがちですが、前述の通り世界におけるイノベーションはゲーム自体が変わっていることを忘れてはいけません。

やるべきことは、新しい顧客価値、新しい市場の創造です。それには「自分(自社)だけに見えている課題」と「誰も気づいていない課題」にアプローチし課題解決をすることで、新しい顧客価値の創造を目指さなければならないのです。つまり課題解決を技術面に求めるのではなく、テーマや深層ニーズ、課題を発見・定義できる人材が必要になります。

それは70億人のグローバルマーケットにおける観察・体験を通して洞察力をもつ人材、すなわちグローバル人材ではないでしょうか。そして、そのような人材を数多く抱える

Check Point
事業創造する能力を高める必要がある。

Note
……………………………………………………………………
……………………………………………………………………
……………………………………………………………………

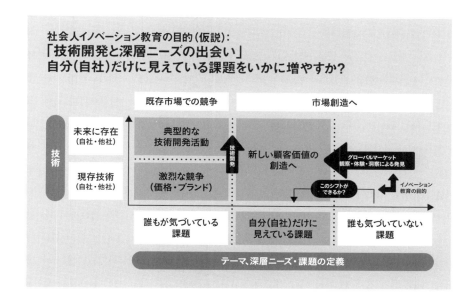

ことが重要なのではないでしょうか。

イノベーションとグローバル人材マネジメントには、「多様な○○を組み替えて、××する」という共通点があります。イノベーションとは、「多様な知恵・知識・見識を組み替えて、顧客が対価を払ってもよいと感じる新しい付加価値を世の中に生み出すこと」です。グローバル人材マネジメントは「多様な人材を組み替えて、世の中に付加価値を生み出すこと」と定義して、そのための人材育成や人材マネジメントの手法を議論するべきではないでしょうか。

アインシュタインによれば、「同じプロセスを繰り返して、違う結果が生まれると期待することはInsanityである」そうです。違う結果を求めるのであれば、違うプロセスをとらなければならないはず。

これまでとはどのように違う結果を出そうとしているのか、そしてそのためにどのようなプロセス（地球規模人材マネジメント）を行おうとしているのかを考えるべきです。

Note

Check Point
違う結果を求めるのであれば、違うプロセスをとらなければならない。

グローバルマーケットでの成長を志向しているときのグローバル人材マネジメントとは何なのか、イノベーション人材マネジメントとは何なのかを明確に定義すべきではないでしょうか。

　私は、日本企業には「勝ち組」から「価値組」になってもらいたいのです。「勝ち組」は同業他社を意識した言葉であり、お客様を意識した言葉とはいえません。
　同業他社と比べてどうかではなく、お客様・マーケットに対してどのような価値を提供していくのか、それに意識を向けていくことで、地球規模でイノベーションを興す「価値組企業」になっていくのではないかと考えます。

あなたが得た理解と気づきは？

なぜ日本企業では
イノベーションが創造されないのか

イノベーションを創造するには、目的の設定が欠かせないと強調する西口氏。
そこで、参加者は事業を「因数分解」して自社の現状を確認することに。
それをきっかけに議論は一気に熱を帯びていった。

この式を解いてください

$$5 \times 6 \times (M + \alpha - \beta) = ?$$

西口 いきなりですが、数学の問題です。「$5 \times 6 \times (M + \alpha - \beta) = ?$」という数式を解ける人はいますか。実は、この式は解けません。それは、結果の「?」がわかっていないからです。実は地球規模人材マネジメントを取り巻く議論にもこれに近いことが起こっています。

（$M + \alpha - \beta$）を地球規模の人材マネジメントとすると、「?」はその会社がどうなりたいのかという結果・目的です。

では、果たして「?」を明確に描けている企業はどれくらいあるのでしょう。そこで、皆さんにまずは自社がどこを目指しているのか、「事業」を因数分解して表（次ページ図参照）で現状を確認してみていただきたいのです。

高津 この表のうち、
③典型的な海外進出（事業の目的：現事業の維持・改善／マーケット：海外）
⑤海外でのイノベーション活動（事業の目的：新事業・製品の創造／マーケット：海外）
⑥国内でのイノベーション活動（事業の目的：新事業・製品の創造／マーケット：日本）

以上の3つは、「現状維持ではない、イコール変化を起こすため」と解釈することができますね。

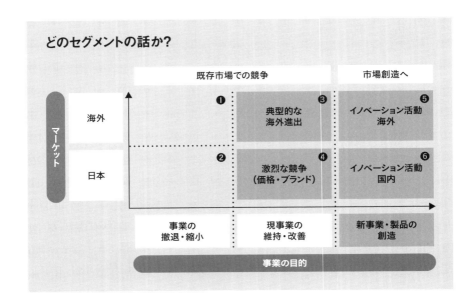

西口 いままでと違うゴールを目指すなら、いままでと違うこと、違うやり方をする必要があります。いろいろやるべきことはありますが、その中で一番注力すべきことを明らかにすべきです。

参加者A ③典型的な海外進出→⑤海外でのイノベーション活動（マーケットは海外で変わらないが、事業の目的が、現事業の維持・改善→新事業・製品の創造へ移行）
④国内での激烈な競争→⑥国内でのイノベーション活動（マーケットは日本で変わらないが、事業の目的が現事業の維持・改善→新事業・製品の創造へ移行）
⑥国内でのイノベーション活動→⑤海外でのイノベーション活動（事業の目的は新事業・製品の創造で変わらないが、マーケットが日本→海外へ移行）

Note

以上の3つのパターンのステージアップはイメージがわきますが、④国内での激烈な競争→⑤海外でのイノベーション活動（マーケットも事業目的も移行）へいきなり進むというのは難易度が高いように思います。

日本企業が現状維持に陥りがちな理由

西口 ものの見方は、連続で見るか非連続で見るかで大きく異なります。よりローカルに考えれば、大阪で売れているものと東京で売れているものは違っても、関西人と関東人には共通点も多い。大阪で成功してからでないと絶対に東京へ進出しないのか、あるいは東京で成功してからでないと北海道には進出しないのか、と考えると、そのようなことはありません。

　たとえば、靴メーカーが大阪勤務の社員をいきなり北海道に異動させ、しばらく住まわせたら「こんなふわふわの雪質であれば、こんな長靴が売れるのではないか？」とイノベーションを生み出すかもしれず、大阪からいきなりシベリアへ異動となれば、「凍土はこんなに硬いのか、ではこんな長靴が売れるのでは？」という発想が生まれるのではないでしょうか。

　その土地で観察・体験・洞察して発見したものから、自社にだけ見えている課題を定義し、新しい顧客価値の創造をしていけるはず。グローバル（地球規模）で考えた場合の海外進出もその程度の違いでしかありません。

高津 日本企業が現状維持になりがちな理由をどう考えますか。そして皆さんの組織で現状維持にならないためにどのような取り組みをしているのでしょうか。

参加者B 海外事業所でなにかしらのアイデアが生まれても、日本本社での意思決定になるため、時間がかかり事業化へつながらないケースが見られます。

　事業創造ステージにおける「1.問題意識〜2.コンセプト〜3.事業モデル」の3で止まってしまうのです。

西口 海外の現地マネジャーやスタッフなどからアイデアを吸い上げる仕組みはあるのでしょうか？

参加者C 私の組織は、部署別・顧客別リーダーのもと、定期的に電話会議などでベストプラクティスやアイデア、意見の交換をしています。また全社的なイベントとして、

なぜイノベーションを興す必要があるのかを歴史的に紐解きながら皆で考えるという取り組みをしています。

参加者D 日本企業では、事業創造ステージにおける「1.問題意識と2.コンセプト」はよくできていると感じます。ただ、「1.問題意識と2.コンセプト」は技術屋の仕事で、事業立ち上げ・発展ステージの「4.事業計画～5.事業立ち上げ～6.事業拡大」は事務屋の仕事という組織の壁があります。

また、事業創造ステージは全社的な課題で、事業立ち上げ・発展ステージは各自業務の課題という分け方ができるように感じます。

そして事業創造ステージの「3.事業モデル」はどっちがやるかわからない、むしろ誰もやりたがりません。

日本企業が得意とする
OJT方式の人材育成の限界

参加者E 海外のイノベーション活動を実現するには、これまでの人材育成では限界があるのではないでしょうか。教える人の能力を超えることができないOJT方式では、新しいビジネスモデルや顧客価値の創造には限界があると思います。

西口 向かっていく方向が現状を超えたところにある場合、日本企業が得意とするOJTによる人材育成は、論理的に成立しません。なぜなら、OJT方式は過去のベストプラクティスに基づいて現状を伝えるプロセスだからです。これでは現状維持を変えることはできません。

この問題は、グローバル人材マネジメントによって解決できるように思います。国内外を問わず社内にたくさん眠っている「暗黙知」を吸い上げてアイデアを見つける仕組み、そのアイデアをコンセプト化・事業モデル化できる人材を国内外から見つけ活用・登用す

Note

る仕組みが必要ではないでしょうか。

　国内で新事業・新製品をつくることと、海外で新事業・新製品をつくることに関していえば、本質的な頭の使い方は同じだと思います。

現状維持から抜けられない原因は
面接に頼り過ぎる採用法にあり

参加者F　日本企業はこれまで海外事業所やM&Aで買収した外国企業から意見を聞く・吸い上げるという気持ちが希薄だったのではないでしょうか。日本本社から日本人駐在員を派遣し、一からナショナルスタッフを育てる、本社が決めたことを無理強いするという意識が強かったですが、今後はむしろ教えを請うという立ち位置のほうがうまくいくように思います。

参加者G　人材開発で有名なBeverly Kaye※氏が「メンターの最も重要な役割はTeaching Organizational Realityだ」といっています。つまり組織の現実をしっかり下の者に教えることが大切だというわけです。

　この考え方に従って自社でうまくいっている例として、海外のスタッフ・新たに事業投資先となったスタッフを、一定の期間本社に数百人規模で呼ぶという取り組みを行っているケースがあります。

　この取り組みにより「なぜいままで提案したことが通らなかったのか」や、逆に「こんなことまで提案してもよかったのか」という２つの現実を知ることが可能になりました。まだまだ伝えることは多いという気づきも得られました。

高津　Organizational Realityをわかっているからこそできることがある、またわかっていないからうまくいかないという現実もある。

　一方、OJTのようにリアリティをわからせようとするプロセスの中でいろいろなアイデアを摘まれているようにも感じます。

　第1回の地球人財創出会議（22ページ参照）でリクルートワークス研究所の大久保幸夫氏が「日本企業は採用を面接に頼り過ぎる」と指摘されましたが、それが現状維持型の組織をつくっているのではないでしょうか。

　面接では自分と似たような人、現状の組織になじみやすい人を採ってしまう。結果として現状維持から抜けられないのではないでしょうか。どうすれば現状維持型マネジメ

※ 人材育成、研修、コンサルティングを行うキャリア・システムズ・インターナショナルの創始者であり、最高経営責任者。

ントから変えていけるのでしょう。

西口 これまでは1.3億人の日本人から世界の70億人へ情報発信するというモデルでした。今後はセンスのよい人が個人的にイノベーションを興すという時代ではなく、70億人から1.3億人への矢印を新たに描いた組織運営と、そこからの情報を受け止めることが必要になります。

幸いにもインターネットというイノベーションによって、ほぼノーコストで地球規模の情報収集が実現できます。

日本以外の国々では、既に70億人の情報交換が活発に行われています。いつまでも日本国内だけで情報を回していても、何も変化は起きません。

イノベーションを生み出す
OSが必要

高津 西口さんが示されたイノベーションは、「多様な知恵・知識・見識を組み替えて、顧客が対価を払ってもよいと感じる新しい付加価値を世の中に生み出すこと」という定義でした。多様性活用にどのくらいしっかり取り組むか、ということがキーではないでしょうか。

西口 イノベーションを生み出すそもそもの基本設定、OSのようなものが必要だと感じています。今回の話は、グローバル人材マネジメントを手段としていますが、その手段を回すにはOSが必要です。

高津 そのOSとはどんなものでしょうか? 皆さんの組織にはそういったものがあるでしょうか?

これをきっかけに、個々人でぜひ「イノベーションを生み出すために、自組織に何が足りないのか」を考えていきたいですね。

2013年1月25日に行われた「第2回 地球人財創出会議レポート」の内容を再構成

Note

あなたが得た理解と気づきは？

三菱商事が目指す2020年

三菱商事では「中期経営計画2020」で、
"成長するアジア市場を基軸とした
グローバル展開を加速する"というテーマを掲げている。
日本を代表する総合商社が描く、飛躍・成長とは
どのようなものなのか。また、その実現にあたり、
HRが抱える課題とは何か。長年、三菱商事で
HRに携わり、海外駐在経験も豊富な和光貴俊氏が
総合商社の現状とこれからのHRについて語った。

和光貴俊
三菱商事株式会社
人事部部付部長

1987年、三菱商事株式会社入社。人事第一部 人事組織チームに配属され、企画調査部経済調査チームへ。4年間の海外駐在などを経て、2008年9月、米国三菱商事 人事総務部長。12年4月より人事部 部長代行。日本・海外における人事システムの構築、運用に従事し、HRM（Human Resource Management）をコアにした事業戦略・経営戦略の企画・立案に一貫して携わる。15年4月より、ヒューマンリンク株式会社代表取締役社長（三菱商事㈱人事部部付部長と兼務）。

事例研究

変革を志す
リーダーを育成する

　三菱商事は「総合商社」という業態をとっておりますが、皆さんが商社に抱いているイメージとは随分変わりました。今回は、事業のコアが変わればHRの方向性も変えていかなければいけないという問題意識について議論していきたいと思います。

　三菱商事は、営業部門が7グループ、世界90カ国200拠点、連結対象は627社、従業員は単体で6,000人、連結で6万6,000人という規模です。

　また、商社はいわゆる資源銘柄として株式市場で認知されるケースもあったのですが、最近では非資源分野への事業投資に注力しており、当期純利益ベースでは資源と非資源がようやく半々、とバランスがとれてきました。

　三菱商事では、従来3カ年で立てていた経営計画を、今回は新たに2020年を見据えた計画として発表しました。従来はプレゼントプッシュ型[※1]でしたが、今回は7年後を念頭においてフューチャープル型[※2]にしたのが特徴です。我々の感覚では従来よりかなり長いタイムフレームで、規模的にも相当、ストレッチした計画だと考えています。

　当然、事業ポートフォリオの入れ替えが必要となり、強い事業はより強くし、M&Aもやっていく、弱い事業はビジネスを思い切ってやめるということも視野に入れていく必要があります。

　また、アジア市場を基軸としてグローバル展開を加速させていくとしていますが、この「アジア」というキーワードを総花的でなく明確に打ち出したのは、今回がはじめてです。アジアでは「市場を面でとらえたマルチ・ローカライゼーション」に取り組んでいます。たとえば、タイではいすゞ自動車さんと組み、インドネシアでは三菱自動車工業さんと組むなど、マーケティングも含めて多様なアライアンスの実績があります。

　こうした事例をプロトタイプに、アジアでさらなる横展開をしようとしているのです。ポートフォリオの最適化を進めつつ、さらなる成長を目指す。かなりストレッチした目標で、相当なジャンプが必要です。

Note

※1 現状の延長線上で物事を対症療法的に処していく方法。

※2 目標とする未来像を定め、その実現に向かって物事を進めていく方法。

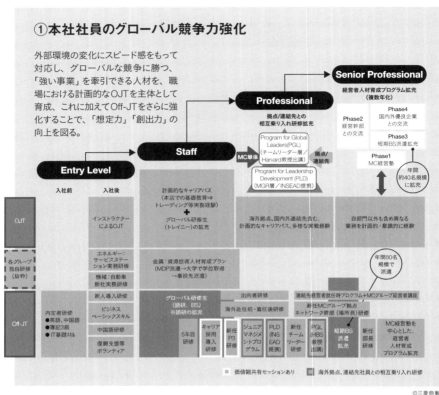

©三菱商事

　これらの経営戦略を踏まえて、HRとして大きく3つのテーマに取り組んでいます。1つ目は、①本社社員のグローバル競争力強化です。商社マンといえば、なんとなくグローバルな感じがして、アタッシェケースをもって世界中を飛び回るイメージがあるかもしれませんが、個々人のマインドセットを見れば、まだまだドメスティックで日本との接点がより重視されてきました。ですので、ここをいま一度しっかりと見直して、グローバルに戦って引っ張っていける人をつくっていくべき、と考えています。

　2つ目は、②海外にある約200拠点のナショナルスタッフ、あるいは事業投資先等の

Note

グループ会社の社員の育成です。今までは①にフォーカスが当たっていましたが、②についても積極的に取り組むつもりです。3つ目は、これだけ業態が拡大している中で③どのように価値観を共有していくかということです。

まず、①本社社員のグローバル競争力強化についてご説明します。左の図は、Entry Level、Staff層（30代前半くらい）、Professional層（40代後半から50代手前）、Senior Professional層（SP、いわゆる部長級）の4つの段階で、いかにOJTとOff-JTを組み合わせてやっていくかを一覧にしたものです。

当然のことながら、仕事をしながら知識・経験を身につけ、成果を挙げれば次のチャンスを与えて、より大きな仕事を任せていくというOJTの基軸は変わっていないのですが、「OJTだけではカバーしきれない部分が増えているのではないか」ということで、Off-JT、つまり研修や他流試合的なものを最近はかなり充実させています。

特徴的なのは、プロフェッショナル層向けに実施しているProgram for Global Leaders(PGL)という乗り入れ型の研修です。従来は単体社員向けだったものをグループ会社および一部の取引先社員にまで対象を拡げています。このプログラムは、Harvard Business School(HBS)の教授に直接コンタクトして、個別にプログラムを組み、招聘して開催しています。HBSにプログラム全体を組んでもらうという方法もありますが、弊社では、たとえばリーダーシップはこの人、ストラテジーはこの人というように個別にお願いしていますから、HBSの教授との協働による実施、というのが正しい表現かと思います。また、シンガポールで開催するINSEAD※との共同プログラムでは、三菱商事の社員が海外事業投資先の社員やナショナルスタッフと共に研修に参加します。

また、短期のビジネススクールへの派遣数も大幅に増やしています。長期留学（1〜2年間）は平均で年10名弱で、数のインパクトが大きくないこと、帰国後に退職する人が少なくないことも実情です。

短期のビジネススクール派遣対象者は、若くて30代半ば、上は50代前半です。この

Note

※ HBSやIMDとともに世界最高峰と評価されているビジネススクール。

年齢層になると、会社として「誰に投資すべきか」がおよそ見えていますし、本人も短期留学に参加した経験が転職時のレバレッジにはならないとわかっている。一方、同窓生ネットワークにも入ることができますし、ビジネススクールでどのような内容を集中して学ぶのかを理解できているのも利点ですね。

次に、②拠点・グループ企業社員の育成・強化についてです（右図参照）。これまでコアになる人材をインサイダー化する取り組みとして「海外の優秀な人材をどのように認知し、キャリアパスを描き、登用していくか」を試行錯誤してきましたが、なかなか実効が見えてこない。それで昨年あらためてゼロからデータベースをつくりました。

従来は、「こんな人材がいる」と拠点からの連絡を受けた本社がデータベースに登録し、現地とHRで育成プログラムを考えるというやり方でした。今回のデータベースには、事業部門をがっちり巻き込み、いわゆる縦と横のライン両方で認知する仕組みにしたのです。この人物を引き上げようという場面で、もし違うならいってくださいねと、もしくは知らない人物であれば認知して、登用に値するかを一緒に検討しましょうというプロセスを踏みます。つまり、海外と事業部門と本店HRがその人物を同様に認知して一緒に進めていく、というのが大きな変更点です。

また、入社8年目までの若手社員全員を海外に出すというグローバルトレーニー制度を導入したことで、逆に海外にいるナショナルスタッフを本店に呼び寄せたり、第三国に出せるようにもなりました。以前はナショナルスタッフを日本に呼び寄せると、現地の業務が空席になってしまい、その補充が問題となっていましたが、現在は相互補完が可能です。

さらに、拠点・グループ会社の人事制度の整備や運営をサポートし、効率化する取り組みも進めています。本店がもつノウハウを活かしてグローバルに取り組むことで、インパクトもスケールメリットも働きます。たとえば採用支援では、日本に留学している学生がUターン就職を希望する場合に、現地法人へ学生を紹介したりしています。

報酬水準調査なども、従来は蓄積されたノウハウがなく、出てきた数字をどのように

Note

②拠点・グループ企業社員の育成・強化

- 連結・グローバルベースでのタレントマネジメントを推進すべく、コア人材の認知・活用・育成のベースとなるプラットフォームを構築
- 各拠点/各社の人事インフラの整備を支援するサポートツールを整備・展開

狙い

コア人材強化・インサイダー化
拠点・グループ企業の社員の中で、事業推進上、コアとなる人材や専門性の高い人材は、事業ニーズに応じた、連結・グローバルベースで配置・活用を考える

拠点・グループ企業の制度整備・運営強化
各拠点・グループ企業の競争力の強化に資する、人事インフラ（人事制度、仕組み、運用）強化を支援

打ち手

コア人材の登録、活用・育成計画策定（Global MC）
- プラットフォームの策定（DB含む）

登録 → 把握 → 活用・育成計画 → レビュー

会社・国を超えた雇用・処遇のインフラ整備
- 異動時の処遇ガイドライン策定
- 異動プロセスの整理

NSの本社・三国間出向者数 約60名/年（東アジア・アジアが約2/3）

HRサポートツールの提供
- 採用支援プログラム、報酬水準調査、各種研修プログラム、社員意識調査、コンサルティング

A. 本邦留学生採用　B. 報酬市場調査　E. HRコンサルティング　D. 社員意識調査　C. 研修プログラム

©三菱商事

読めばいいのか、日本の商社という業態をそのまま現地に当てはめてもいいのかという疑問もあり、その解決のためにグローバルな契約をHay Group[※1]と結びました。ウェブにアクセスすると、Hay Gradeに基づき、他企業と比較した報酬水準の妥当性検討の材料が得られます。実はHay Groupだけではカバーしきれない地域があるため、今年からはMercer[※2]とも契約し、現在は2社のツールが利用できます。

また、2年に1度、数カ国語に対応した社員意識調査で定点観測を続けています。この調査の結果をグローバル企業の数値と比較すれば、どこに弱みがあるのか、またどこ

Note

※1 ※2 ともに米国に本拠を置く、人材マネジメント・コンサルティング会社。

三綱領

- 所期奉公 (Corporate Responsibility to Society)
- 処事光明 (Integrity and Fairness)
- 立業貿易 (Global Understanding through Business)

©三菱商事

に問題があるのかを見ることができます。人事制度全般のコンサルティングについても合わせて提供しており、報酬水準調査等で見えた問題によっては大きく人事制度を見直す必要に迫られる場合もありますので、本店のHRがそのサポートをします。

ミャンマーの事例では、人事制度を整備して、報酬水準調査も実施したうえでインタビュー調査を行ったところ、「自宅からの通勤手段を会社が用意してくれる」ことがとてもよいという回答が多くありました。通勤の問題がここまで大事だとは思っていなかったので、あらためて、国・地域によって大きく違うのだなと感じました。

このように、リテンションには何が大事か、悪い予兆が見えたらどう手を打てばいいのかについて、我々は知見を積み重ねていかなくてはいけないと感じています。

さて3つ目は、③どのように価値観を共有していくかです。三菱の4代目社長の岩崎小弥太の時代につくられた三綱領という、いわゆるプリンシパル、クレドがあります（上図参照）。

Check Point
三菱商事グループの価値観の基軸となる三綱領。

中身を簡単にご紹介すると「世の中の役に立つ仕事をしよう」「嘘と狡はやめよう」「グローバルな視点でビジネスをやろう」ということです。何か困ったりしたときは、これに立ち返ろうという我々にとってはありがたいものです。
　これらの価値観を基軸において、三菱商事、三菱商事グループはこんな会社だよねということをインストールしていきます。三菱商事グループに入って間もない人たちが一番興味を示すのが、実はこの三綱領です。三綱領にまつわるエピソードを紹介したり、三菱資料館に連れて行き昔どのような出来事があったのかを説明したりすると、とても反応がよいのです。三菱商事は今後もこれによって立つのだと思います。

　次ページの図は、三菱商事の経営人材像です。
　MC（Mitsubishi Corporation）Valuesを共有し、その上でプロフェッショナルとしてのスキル、あるいは業界でのネットワークと実力をもち、そしてリーダーモデルとして「変革を志す」「人と組織を動かす」「価値を創造する」の３つができる人、その資質をもった人を経営人材と定義して、数多くつくっていこうと取り組んでいます。
　これらを定めるにあたり、組織風土調査、社員意識調査を行い、そこで明らかになった事柄をベースにリーダーシップモデルを設定しました。「変革を志す」という点が冒頭に来ているのが、このリーダーモデルの特徴だと思います。

　最後に、リーダーシップについてお話しします。リーダーシップにはさまざまなモデルがありますが、本日はBill GeorgeというHBS教授が書いた本、『True North』【邦訳『リーダーへの旅路』（生産性出版）】をご紹介します。
　この本によると、Authentic Leader（本物のリーダー）には「目的、価値観、人間関係、自己統制、真心」の５つの条件があります。特徴的なのは「本物のリーダーは完璧ではない」ということ。脆弱さや欠点、誤りなどをさらけ出し共有して、引っ張っていくというのが今後、あるべきリーダーシップのスタイルなのだというのが彼の主張です。
　この本では、リーダーシップを「本物のリーダーは、共通の目的に向けて人材を結集

Note

Check Point
本物のリーダーは完璧ではない。

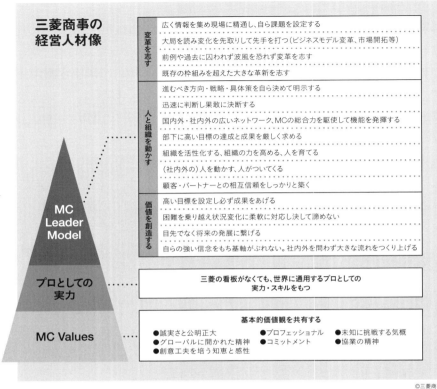

させ、すべてのステークホルダーに対して価値を生むために、これらの人材を立ち上がらせ、彼らが本物のリーダーとして自らの組織をリードするように促す」と定義しています。また、リーダーシップとは生涯続くもので、当然試練の時期があり、それをも経て50〜60歳くらいでピークを迎えるのだ、そのまた先もJourneyだというのです。

また、リーダーシップには、「準備段階→本当にリードする段階→その経験を還元する段階」という成長段階がある、と述べています。多くの人は途中で道を踏み外すので

Note

すが、そのタイプが「策士型」「口達者欺瞞型」「栄光追求型」「孤立型」「流れ星型」の5つです。そうならずに真の目的を失わず、自分を見つめて、弱さも共有して引っ張っていくのがリーダーだと記されています。

HBSでは「Resilience（困難な状況にあっても逆境に強い、しなやかさという言葉に訳す人もいる）」なリーダーシップスタイルというのもキーワードになっています。カリスマティックなタイプが引っ張るというよりも、弱みを見せてもいいが、打たれ強くしたたかに引っ張っていく。こうしたスタイルが現在のリーダーシップ論、少なくとも米国においてはこれが主流のようです。

三菱商事では「経営人材って何だ？ リーダーシップって何だ？」という話を現在進行形で議論しており、その中で「経営者にリーダーシップが必要なのは確かだ。しかし、リーダーシップさえあれば経営できるわけではない」となっています。アメリカでは、リーダーシップは生まれつきのものではなく、鍛えれば身につくというのが定説ですが、日本では「将の器」というものがあり、それを感じるときもあるという議論もあり、とても悩んでいるところです。今後はどのようなリーダー像が相応しいのかという点については、まだ共通の結論が出ていない状態です。

あなたが得た理解と気づきは？

価値観をいかにして共有するか？

和光氏の講演を受け、ファシリテーターの高津氏が参加者を巻き込み
議論をさらに深めていく。2020年に向けた新しいグローバル経営戦略に合わせた
HRの取り組みや経営人材像、リーダーシップ、そして「三綱領」による
価値観の共有をキーワードにセッションは進んでいった。

参加者A 日本企業の海外現地法人のマネジメントでは、一般的にトップは日本人で、課長ぐらいまでナショナルスタッフを登用するというケースが多いように思います。その場合、ナショナルスタッフのモチベーションがなかなか上がらず、リテンションがうまくいかないという話をよく聞きます。御社ではいかがでしょうか？

和光 ナショナルスタッフのトップマネジメントへの登用は、少なくとも海外現地法人または支店ではまだそれほど進んでおりません。現在、ナショナルスタッフが現地トップに就いているのは、200拠点中10カ所程度ですが、それ以外にM&Aの場合は現地の経営者がそのまま続投するケースもあります。

　我々もさらに登用を進めたいので、実例を積み重ねていくしかないのですが、これまで雇用してきた人材が果たして現地の経営トップにまで上り詰めることができるのかというのは、かなり地域によって違います。日本語が堪能で、なんとなく使い勝手がよいという人材が重用されてきた拠点、そういった人材の比率が多い拠点がある一方、アジアを中心に比較的有能な、現地でもトップレベルの人材が採れている拠点もあります。

高津 これまでは、外国人の人材に対する期待が小さかったわけですね。しかし、これから期待を変えるか、または現実を変えるかというときに、どのように変えていきたいと考えていらっしゃいますか？

和光 期待値ということであれば、いままでと大きく異なるのは中国です。これまで約20年間中国で事業をやってきましたが、投資に見合った利益は出ていませんでした。実際にナショナルスタッフをマネジメントに登用し、大方針は本店から指示を出すが、その先は現地主体でやっていく、という考え方に切り替える必要があります。

　ここ2～3年くらいは、部長級まではタイムフレームをつくって積極的に登用を進めています。リテンションは大変ですが、中国には人材のボリュームがあるのでなんとかやれると思っています。

参加者B MC Leader Modelにおける「変革を志す」という新しいメッセージは、こんな風に変わってほしいという意味が込められていますね。現在のSP層に対して、行動を変えるためにどのような取り組みをされているかお聞かせください。

和光 研修プログラムの中では、経営人材育成プログラムでSP層に対するMC Leader Modelの理解浸透、マインドセットの切り替え促進に当たっています。毎年、新たにSPに昇格した約30名を招集し、7～8名で1チームを組み、週2～3回のディスカッションを経て経営陣に提言をしてもらいます。経営方針に基づいて、これが足りないからこれをやるべきだと提言するのですが、逆に経営陣から徹底的にやり込められます。自分たちとしてはジャンプした上での提言なのに、「こんな提案はとっくの昔に考えている。こんなバカげた内容を検討するために俺たちはここに集められているのか」みたいなことをいわれるわけですね。経営陣との意識のギャップみたいなものを認識してもらう。もちろん議論のプロセスも重要です。これをもう9年近く続けています。

しかし、これだけでは足りず、日々の仕事以外に何がいるのだろうと考えました。さらに何かを得てもらうために、プログラムを終えた人たちを短期のビジネススクールに送り込むようにしました。自分なりの問題意識、足りないものを認識した上で、短期のビジネススクールで仕入れをしてもらい、その後のマネジメントにも活かしてもらう、視野も拡げてもらいたいという意図です。経営人材育成プログラムが終わった翌年には短期ビジネススクールに行き、その翌年か翌々年には国内外企業との交流、海外のコングロマリットとの交流を通じて、同じ課題に一緒に取り組んでもらいます。ライフロングの取り組みで学び続けてもらう。「学ぶ」ということをもう一回見直したり、癖にしてもらいたいと考えています。

「三綱領」を日常的に意識することで
価値観の共有を深める

参加者C 海外・国内を問わず、価値観共有はとても重要だと思います。御社で実施されるセッションでこの価値観に関する割合は高まりつつあるのか、あるいは昔から変わらず取り組んでいるのかをお聞かせください。

和光 比率は従来以上に高まっています。現在、事業投資を急速に進めているため、「三菱商事グループが大事にしているものは何か」ということを共有化するのは大事です

ね。三綱領自体は1930年代からあり、長い間大事にしてきたものです。海外の拠点長の部屋を訪れると、必ず額に入れたものが飾ってあり、英語版を飾っている人もいます。グループ内には貿易を手がけていないメーカーなどもあり、漢字の字義通りだと当てはまらないところがあるのですが、槙原社長（現三菱商事特別顧問）の時代に「Global Understanding through Business」と解釈され、Revitalizeされて使われ続けています。

　価値観共有セッションは特別な内容ではなく、「三綱領をどのようなときに意識したか、どのようなエピソードがあるか、先輩からどのような話を聞いているか」などを全員でディスカッションしてもらい、チーム単位で発表してもらいます。三綱領の権化みたいな人がセッションに登場し、「実はこんな話があったのだよ」と披露してもらうケースもあります。「意思決定のクリティカルな場面でなぜこれをやらなかったのか、それは三綱領に立ち返ると、やってはならぬからやらなかったのだ」など、エピソードにして伝えるのが一番パワフルかなと思います。最初は恥ずかしいとか、こういうテーマの議論は抵抗があるという人もいますが、エピソードを伝え合う場面では結構盛り上がってくるのです。海外のナショナルスタッフも、なるほどそういうことか、この会社の基軸はそこにあるのかと、かなり反響があります。

参加者C　日常的に三綱領を意識しているのですか？

和光　日常的ですね。経営会議でも「このケースは三綱領的にどうなのだ？」とやっており、日々口端に上るものになっていて、非常にありがたいなと思いますね。「所期奉公」は、つくられた時代背景や文脈を考えると、奉公する先は主として「国」で、「国家のために何ができるか」という解釈だったと思うのですが、現代の若い世代は「社会のために何ができるか」ということをすごく大事にするようです。入社後、自分の仕事の意義が何かという点は、いまの若手にはとてもモチベーションにつながるようですね。

グローバル時代における
本物のリーダーとは何か？

高津　いまのやりとりの中で、若い世代は社会に対する貢献という意識が強いとありました。若い世代が感じていることと『True North』でいっていることの間には、何かつながりがあるように思うのですが、自社での経営人材層の議論において、Authentic Leader（本物のリーダー）とは何かという議論が出ているでしょうか？

参加者A 弊社は12年前にCEOが交代しました。その間に、Valueの中に謙虚さや周囲のスタッフがインスパイアされるような理念をもち出せること、という言葉が新しく入ってきました。それ以前はエッジとかエグゼキューションというのを大々的にいっていましたが、やはりこのAuthenticな要素をもっていないと、次世代リーダーが多様な人種、多様な文化の人を引っ張っていくのは難しいでしょう。ビジネスモデルも常に新しくなっていく中、新しいリーダーシップの形を取り込んでいこうとしています。

参加者D 弊社は、強力なリーダーシップをもった経営者が十数年間引っ張っている会社ですから、強いリーダー、ぶれない、臆することなく決断する、さまざまな修羅場を経験させて育てていくというスタイルでやっています。おっしゃる通り、これからの時代を考えると、それ以外に情や真心といったところが弊社には足りないなと思いました。厳しいだけがリーダーではないし、いまのトップの次が現れたとき、どのような変化が起こるのか、重要な点なのでもう一度考え直してみたいと思います。

和光 リーダーシップの考え方そのものはさまざまな説やスタイルがあってよく、個人の属性によるところも当然あります。しかし、全体の潮流としては、絶対的な権威を笠に着るリーダーシップのスタイルはもう通用しないという点が共通しているように感じます。いまのお話にあったようなホスピタリティーや、いま流行りのおもてなしなど、そうしたマインドをもっていることも大事です。

2013年11月5日に行われた「第6回 地球人財創出会議レポート」の内容を再構成

あなたが得た理解と気づきは？

第 4 章

真のグローバル化に必要な学習とは？

グローバル化の進展とともに人財の供給源である大学などでも、
"地球人財"を創出する取り組みが行われるようになってきた。
人財育成の現場で何が起きているのか。
今後の課題とともに解説する。

伊藤健志
立命館アジア太平洋大学（APU）
学長室 課長

シュロモ・ベンハー
IMD教授

古澤哲也
マーサー ジャパン株式会社
組織・人事変革コンサルティング
プリンシパル

世界の学生から見た日本

グローバル化に取り組む日本企業において、
グローバル人材の確保は重要な施策の1つだ。
日本人を採用して育成するのか、
または外国人留学生などの高度人材を活かすのか。
今回は後者にフォーカスして、
高度人材の能力を最大限に活かすことができる
組織の特徴について、
立命館アジア太平洋大学（APU）の
伊藤健志氏が語った。

伊藤健志
立命館アジア太平洋大学（APU）
学長室 課長

九州の大学を卒業後、日本企業の国際化を支援する会社、教育旅行専門の旅行会社等で勤務後、2002年4月に立命館アジア太平洋大学（APU）に入職。交換留学担当オフィサー、入学課長を経て、10年秋よりAPU東京ブランチオフィスの課長として学生募集およびキャリア支援を担当。13年11月より現職。ライフワークは、若者の国境を越えたチャレンジのお手伝い。

暗黙知を形式知として発信せよ

提言

　立命館アジア太平洋大学（APU）は、大分県別府市の標高300mほどの山の中腹にあり、キャンパスからは別府湾を一望できます。現在、ここで約5千数百人のさまざまな国籍の学生が勉学に励んでいます（次ページ図参照）。

　APUは、「世界中から学生を集めるにはどうするか？」という思いからスタートしました。日本人の学生に英語と国際感覚を身につけてもらうための大学ではありません。世界中からやってきた学生たちが来日翌日から不自由なく生活し、授業を受けられるようにするにはどうすべきか、というところから構想が始まりました。

　最初に3つの目標として、①国際学生（世界からの留学生の呼称）比率を50％、②外国籍教員比率を50％、③国際学生は50カ国以上から受け入れる、を設定しました。9割が日本人の環境では、日本的価値観が支配的な空間となり、世界から来た学生たちも日本人化せざるをえません。

　①は2013年5月現在で43％、②は2012年4月1日現在の専任教員のデータで49％、26カ国、③は開学2年目で達成でき、一番多い時で90数カ国、常時80カ国程度です。

　他大学の外国人留学生との違いは、APUの場合は大半の国際学生が英語で試験を受けて入学する正規学生で、しっかり単位を取ろうと考え、意欲をもっている点です。彼らのリクルーティングは、APUの教職員が世界中に出かけ、説明会や面接を行います。「将来は何がしたいのですか？」という問いに、我々が面接したインドネシア人の13人中4人が「大臣になる」と男女問わず答えました。他の3人は「産業振興に関わる仕事がしたい。2億5,000万人を支えるには現在のままでは無理だ」と熱く語ります。そしてもう1人は「国家公務員になって、公務員制度をゼロからつくり直したい。外国企業が進出しやすい環境整備をしたい」といいます。

　インドネシアの大学に進んでも公務員の道はあると思うのですが、「自分1人の力では変わらない。先進国のシステムを丸ごともってこない限り、この国を変えることはで

Note

きない。だから、"アジアで唯一の先進国である日本"で学びたい。APUで学びたい」とはっきりいいます。このように将来に対する考えが大学進学の段階で非常に明確であり、また、大学選択にも国境線が存在していないところが日本人学生との大きな違いです（右図参照）。

　また、彼らがとてもこだわるのが成績です。GPA（Grade Point Average：たとえば優4点、良3点、準可2点、可1点、不可0点）のスコアを非常に気にします。学部卒業後の大学院進学は、海外でのキャリアアップには必要条件となるからです。制度は変わりつつあるものの、一般的に日本では、年齢とともに昇進昇格しますが、海外はそうではない。彼らが母国に帰ったり日本以外で働いたりする場合には、学位を積んでおかないと給料やポジションが上がらないと知っているのです。

　当たり前ですが、やはりよく勉強します。夜中3時過ぎまで勉強していますし、入学時に日本語が全く話せない状態であっても、1年半程度でほぼ完璧に流暢な日本語を話

Check Point
将来に対する考えが明確な国際学生。

APUの国際学生って

- ☐ 母国への感謝と誇りを背景に、「よりよい母国」と家族の幸せのために学ぶ
- ☐ 大学選びは世界地図を拡げて。自分に付加価値が身につくこと、自分を高く評価してくれる大学へ
- ☐ 教育は未来への最も効率的な投資。文系・理系なく高い学力と強いキャリア意識
- ☐ 「学歴」とは大学院以上、学習歴を積み、自分を高く売る
  ➡ 成績評価・学修への強いこだわり

す学生も多数います。母国への感謝と誇りを背景に「よりよい母国と家族のために学ぶ」という姿勢が基本です。究極の自国主義といいますか、自分の国をよりよくしたいと思っています。そして、自分の選択肢は世界地図の中にあると信じ、未来のための教育は最もよい投資だと考えています。

APUに入学する国際学生は、中等教育までを英語で修了してきているので、行こうと思えば世界中で仕事を見つけることができます。それがなぜ6割も日本に残って働くことを希望するのでしょうか。それは「世界最高水準のSocial Capital（社会関係資本）」が日本にあるからです（次ページ図参照）。

電車は時刻通りに来るし、エネルギー不足といいながらも停電しない。地震が起きれば、自宅のトイレを避難者に貸し出す。また日本企業は、既に完璧であるものを細部にこだわり、より完璧にした製品を生み出そうとする。それらを含めて彼らは「日本のSocial Capitalは素晴らしい」というのです。日本の会社の素晴らしい製品力や不断のイノベーションを世界に拡げていくことに、彼らは職業人としてのミッションとやりがいを感じているのです。

またこのような卒業生もいます。海外の有名大学でMBAを修了した中東の卒業生は現在、日本の超大手企業で一般社員として働いていますが、シンガポールで働いていれば少なくともアシスタントマネージャーあたりからキャリアがスタートし、年収1,000万

第4章 真のグローバル化に必要な学習とは？

Note

Check Point
自分の選択肢は世界地図の中にある。

Check Point
APUの国際学生の6割が日本で働くことを希望する。

> **なぜ日本で働くのか?**
> - 世界最高水準の"Social Capital"を、日本と世界の発展に役立てる懸け橋に
> - 安心安全な社会で、学部卒業で世界トップカンパニーの幹部候補生として採用チャンスを与えてくれる
> - 完璧な社会を支える仕組みを学び、自らのキャリアに付加価値を
> - 戦力として期待されているワクワク感
> - 日本が好き! 発信しないともったいない

円は手にしているでしょう。

しかし彼は、日本企業のほうが自分の能力が活かせるし、やりがいやミッションを感じられるといっています。日本で働くことができれば、世界のどこでも働ける、つまり世界に出たときに自分にしかない付加価値が身につくという人もいます。そして外国人である彼らが日本企業から戦力として期待されているというワクワク感もあります。

実は、長時間労働や頑張っても収入が上がらないという不満はほとんど聞きません。キャリアプランが明確な人ほど、日本で働くことに対する憧れは強くなります。日本企業では、名刺の渡し方や内部調整の仕方などありとあらゆることを教えてくれる、それが非常にありがたいといいます。

自分がその会社で活躍し、その会社がもっと世界へ進出すれば、その会社も発展しますし、母国にその会社が進出すれば母国もさらによくなると、本当にそう信じて日本に残るのです。このように思っている留学生がいると理解していただけたら非常にありがたいですね。

ただ、卒業生たちから話を聞くと、確かに不満はあるようです。APUにいた頃はガイジン扱いされた経験はなかったのに、外国人がいる環境が当たり前であった大学や別府を離れ東京に来た途端いきなりガイジンになると。

他にもいくつかの違和感をご紹介します。たとえば、海外に多くの拠点をもち、売上

Check Point
日本で働くことができれば、世界のどこでも働ける。

Note

高も海外比率が急速に高まっているグローバルカンパニーといわれる企業でも、本社は全く国際化していないケースがよくあります。そうした企業では、採用活動において「わが社はこれからどんどん海外に出ていく。皆さんのような人が絶対必要なのです」と熱弁を振るわれます。しかし、入社後に配属された部署で課長さんから「君の日本語は変だね。アナウンサーのようにしゃべりなさい」といわれる。「では、何のために私を採用したのですか」と尋ねると、「いや、私の課では本当はいらなかったのだけれど……」と。とても残念ですが、現実問題としてはあります。

　また、できるだけ早く会社に貢献したいといろいろ提案しても、上司からは「まぁ焦るな。とりあえず俺の背中を見て、10年頑張りたまえ」といわれることもあるそうです。「では10年の間に何をして何ができたら課長になれるのですか」と尋ねると、「とりあえず頑張れよ」と肩を叩かれる。これでは全く説明になっていません。

　評価基準が曖昧だったり、キャリアプランが立てにくいという不満については、日本人側がコミュニケーションの手法が違うことを意識し、丁寧に説明することで解決できることも多いようです。

　女性役員が1名しかいないメーカーに就職した女子留学生は、男性ではないというだけで、1人で海外出張に行ってはダメだと大きな責任のある仕事を任せてもらえなかったといいます。外国人かつ女性の自分は、この組織の中で一番下の存在なのではないかと感じたそうです。

　ここからは、APUを13年間運営してきた中で学んだダイバーシティ・マネジメントについてお話しします。

　まず、完璧な制度設計は無理です。日本人は細部の調整やリスクヘッジが得意ですが、不可欠なのは「場の力」です。1995年に理事長が「APUをやるぞ！」と宣言したとき、学内のコンセンサスが全て取れているとはいえない状態でした。学内でも反対意見があり、別府でも相当な反対運動が起きたそうです。

Note
....
....
....

Check Point
キャリアプランが不明瞭なことに不満をもつ外国人学生は多い。

> **APUの13年間から学ぶこと**
> ## 完璧な制度設計より場の力
>
> 世界中の学生と新しい大学をつくる高揚感
> ➡ 学生、教職員と地域社会を巻き込んで
>
> "Common"の定義の見直し
> ➡ 日本の価値観を支配的価値観としないこと
>
> Low Context（当たり前を共有しない）環境
> ➡ 暗黙知を形式知にして伝えざるをえない環境
>
> Just different, not strange.
>
> Change Agentとして国際学生や外国人教員を歓迎

　ところがいまどうなっているかといいますと、市役所の職員が卒業生の結婚式に招待されてスリランカまで出かけたり、街のおじいちゃんやおばあちゃんはAPUの学食で各国料理を楽しんだり、日本語を教えてくださったりしている。小学生は留学生たちに突撃インタビューをして、その内容を家で両親に話したりしています。すると、彼らをガイジンとは思えなくなるのです。

　日本は島国で、外国人を見るとガイジンとして区別するという認識は思い込みだということをひしひしと感じます。余談ですが、開学10年目に大分県がAPUの経済効果を調査しましたが、毎年211億円の経済効果を生んでいます。人口減少に歯止めをかけ、留学生と協働のまちづくりや地元企業との共同研究など、さまざまな社会的貢献に発展しつつあります。

　ただAPU内では、従来のCommon（常識）は相当な見直しが必要でした（上図参照）。Low Context（異なる価値観。言語による明瞭な説明）とHigh Context（同じ価値観を共有。阿吽の呼吸）の文化がありますが、Low Contextにしたほうが学生はよく育ちます。1,300人が共同生活をする寮がありますが、ゴミの分別のような些細なルールでも「この世に燃えないゴミなどあるのですか？」と質問されるのです。あるアフリカの学生

Check Point
外国人を見るとガイジンとして区別するという認識は思い込みにすぎない。

Note

曰く、使えなくなった冷蔵庫と生ゴミは同じ場所に捨てるそうです。分けるというコンセプトがないのですね。

また、日本人と韓国人の学生のエピソードですが、一緒に授業を受けて、ご飯を食べ、グループワークも行い、卒業式のときには抱き合って泣いているのですが、歴史認識の歩み寄りは基本的にありません。歴史教科書には違う内容が書かれており、一方的な水掛け論に妥協点はありません。ただ、さまざまな議論にも必ずレフェリーとなる他国の学生たちが周囲にいて、また日々の生活においてそのようなことはほんの一部であり、実際にはもっともっと大切な友情や文化交流やシェアすべき課題がたくさんあることを学生たちは理解します。

一橋大学名誉教授の野中郁次郎先生の講演で、日本人が強いのは暗黙知の共有であるとおっしゃった意味を心底実感します。これを形式知にして相手に伝えることは苦手ですね。ゴミの分別にしろ、JRはなぜ時間通りに来るのか、1分遅れるとなぜ謝罪のアナウンスをするのかなど、普段考える機会もなければ誰かに説明する必要もありません。納得するかどうかは別ですが、APUでは日本のCommonが通じないコミュニケーションが前提となります。

オーストラリア出身の学生はAPUを「Just different, not strange（みんな違う考え方をしていて、でも誰も変だとはいわない）」と表現してくれました。彼らは我々の当たり前を本当にそうなのかと、毎日あらゆる瞬間で気づかせてくれます。日本人同士で当たり前をこれだけ共有していると、暗黙知というのは永遠に形式知にはならない。これからの世の中をつくっていく80カ国の人たちと、これからも一緒に過ごせるかと思うと、何とエキサイティングなのだろうといつも思います。最後に「日本をAPUのようにしたい」という留学生の日本語を借りて終わりにいたします。日本をAPUのようにダイバーシティが認められるようにしたいという意味です。

あなたが得た理解と気づきは？

インタラクティブ セッション

「コンセプトの力」が グローバル化を推進する

伊藤氏が語るAPUでのグローバル人材育成の実態をもとに
ファシリテーターの高津氏が参加者を巻き込み議論を進めていく。
事業会社における取り組みや、さまざまな国籍の
ビジネスパーソンの実例を交えつつ、議論は深みを増していった。

参加者A 日本のSocial Capitalの素晴らしさには、High Contextも含まれるのではないかと最近感じています。これをLow Contextにすると、アメリカみたいになってしまうのではないでしょうか。私は最近、日本のHigh Contextは居心地がいいと感じています。

伊藤 世界全体がHigh Contextな環境が理想的だと私も思っています。ただ、Low Contextでコンフォートゾーンから引きずり出される環境であるからこそ、学生が自ら課題に気づくことができ、学修の場としては最適なのです。なるべくコンフォートゾーンから引きずり出すというのが我々の使命です。

高津 いまの質問から派生すると、たとえば日本社会がHigh Contextであることは変わらないとしても、日本で活動している企業の中においてはまた別のやり方があってもいいのではないか、ということになりますね。

伊藤 一国二制度の香港型を採用してはどうだろうかと思います。

高津 たとえば、製造現場においてのつくり込みは日本的にやって、世界戦略をどう考えるのか、世界においてのマーケティングに関してはLow Context的なやり方で進める。このように切り分けながらやってはどうかということですね。

参加者B 私は事業会社に勤めながら、ある大学院で教鞭をとっています。日本国籍を取得しているバングラデシュ人の学生の話ですが、いつか母国に帰って仕事をするときまでに、マネジメント力を身につけておきたいというのです。

　しかし日本企業で働いた場合、10〜20年待ちなさいという話になります。日本は好

Note

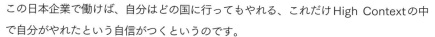

きなのだけれど、母国の発展スピードに合わないからアメリカに行こうかなと相談され、かなりショックを受けました。

伊藤 すごく能力が高いインド人は逆のことをいっていました。この日本企業で働けば、自分はどの国に行ってもやれる、これだけHigh Contextの中で自分がやれたという自信がつくというのです。

高津 High Contextの中で調整を重ねながら、意思決定にもっていくことはできるようになるかもしれないが、大きな意思決定、大きな判断を自分でしなければいけないという状況・ポジションに就くまでに時間がかかる。アメリカに対する憧れというのは、そういうところから来ているのかもしれません。

日本企業のカルチャーに
魅力を感じる外国人は多い

参加者B エンジニアのマレーシア人は、日本で学び日本の大手メーカーで働いた後、何か物足りないと思ってシンガポールへ行き、米系のメーカーに転職しました。しかし、1年もしないうちにやはり日本のほうがいいと戻ってきました。社内で足の引っ張り合いをして2～3年で転職していく同僚と一緒に働くのは耐えられない、日本のようにみんなで頑張っていこうというカルチャーのほうが好きだといっていました。

伊藤 日本のメーカーで働いているマリ人は、当初サプライチェーンマネジメントのポジションで入社しました。ところが、2年くらい働いたときに、現場の強みがどれほど素晴らしいかということに気づき、製造マネジメントに変わりました。

　ラインの一番下の人たちが、ジョブディスクリプションなしで完璧に仕事をこなしていることや、0.01mmを改善するにはこうしたほうがいいのではないかと提案してくることが信じられない、と驚嘆しています。彼はいまシニアマネジャーとして、インドに赴任しています。彼は企業文化の暗黙知を形式知に変えるという役割を担っているのでしょう。たとえば、日本の終業時間は何時までだという話ですが、実態はきりのいい時間までですよね。きりのいい時間というものを外国人にどう伝えますか？

高津 英語では「きりのいい時間」を何というのでしょうね、気になります。製造や工場というのは、ある意味日本的マネジメントが一番凝縮されていて、かつこれまでそれがいい方向で機能してきた部分ですよね。日本企業の場合、比較的メーカーに多いのはそういった製造部門でのエクセレントなウェイやスピリット、哲学みたいなものをマーケ

ティングやセールスにも同じようにもち込もうとして、却ってスピードダウンしてしまう、というケースです。

参加者C 日本企業に勤めることは、必ずしも日本本社で働くということではなく、どちらかといえば出身国、80カ国から来ていらっしゃる皆さんの国でマーケットを熟知した立場で仕事をするとか、場合によっては現地のマネジメントとして働くために就職するという考え方もあると思います。そういった意味で、日本企業がAPUの学生を採用するときに、本社での採用を想定した行動が多いのか、むしろ現地の幹部候補生という想定が多いのか、どちらでしょうか。

伊藤 感覚的ではありますが、現地の幹部候補生にという企業が増えているように思います。そのケースでは、部門長の方が直接採用にいらっしゃいます。人事ではなく部門長がピンポイントで将来的にここを任せたいので、その国の人が欲しいとおっしゃいます。7割くらいは本社人材として、本社自体をグローバライズしたいという意向をおもちです。中には現地で採用したいというケースもありますが、現地法人で採用されると待遇が悪いので学生は嫌がります。日本的マネジメントを学ぶにはしばらく日本にいて、その後母国に戻るというのが理想的ですね。

優れた人材を集めるために
日本の強さをしっかり説明せよ

参加者D 日本企業のイノベーション促進上の最大の課題は、現地の状況がわかっていないことです。現地ドリブンで発想ができない、グランドデザインができない。それらが日本の課題になっており、そこが強くならない限り日本の復活はない。そういった観点で日本企業はAPUの学生を求めているのだろうかと感じました。

高津 現地事情をしっかり理解するのが課題ですが、それだけでは不十分です。本社やマザー工場に蓄積されている、自社がもつイノベーションのタネも理解し、組み合わせていくことが重要ですね。日本人はタネはわかっているけれど、現地事情がわからない。現地で採用された人は現地のマーケットはわかるけれど、タネについてはわからない。そんな事態が往々にしてあります。APUで学び日本で働き、また母国に戻っていく場合にはその両方がわかる、つまり懸け橋になっていくということですね。

参加者E APUは非常に特殊な大学であり、学生のリクルーターも特殊な部隊がいるように想像しますが、いかがでしょうか?

伊藤 エージェントにお願いしている地域はごくわずかです。教職員が自ら世界中に出ていきます。しかも現地に多くの卒業生がいますので、彼らがかなり手伝ってくれます。実際のところ、卒業生からのクチコミが最も重要になっていますね。最近、ウズベキスタンの学生が急に増えて80人ほどいます。母国語に加え、ロシア語と英語も話せ、イスラム文化にも精通。日本語とウズベク語の文法が似ていることから日本語も上手で日本文化も大好き。日本企業からは引く手あまたです。こうした人材にAPUに来てもらうには、現地に行って説得しない限り無理です。Cool Japanで可愛いキャラクターをアピールするよりも、日本の産業力の強さや、首相が毎年代わっていても暴動が起きない国であること、200年続く会社が世界に5,100社あり、そのうちの3,400社は日本にあるということ、こうした日本の強さについてしっかりと説明する必要があるでしょう。"日本はアジアの唯一の先進国" ということは、彼らからいわれてはじめてそうだなと、私も確信するようになりました。

参加者F 多様化する学生のニーズに応えるために、教え方などのフィードバックは教員にあるのでしょうか？

伊藤 学生が期待しているのは、自分に社会人としての付加価値が身につくのかということですね。たとえば、新しくAPUに着任された日本人の先生は、これまでどおり自分の授業を完璧にパワーポイントにまとめて、英語でレクチャーしようとされます。しかし、学生がこういうのです。「教材はウェブの中にある講義用のフォルダに入れておいてください。この教室には20カ国の人がいるので、議論したほうがはるかに面白いのではないか」と。海外から着任された先生は、よく慣れていらっしゃるように感じます。成績評価では、Attendance and ParticipationやContributionが何パーセントで、期末試験が何パーセントというのがシラバスに明記されています。最終評価では期末試験の結果は50％以下しか考慮しないことが全科目の共通のルールとなっています。そうしなければ、日常的に勉強するという雰囲気がつくれないですね。

確固としたコンセプトをもつことで
制度や仕組み、結果がついてくる

高津 ここまでの話をまとめますと、「コンセプトの力」なのかなと思います。APUには、日本人を国際的にするのではなく、世界の学生が共に学ぶのだというコンセプトがある。

コンセプトがあるからこそ、50対50というダイバーシティをつくるのだというある種の目標ができた。そして場の力が生まれ、学生たちが素晴らしい学びをするようになった。さらに、世界の学生と学ぶという理想を実現するために、教師たちがどうあるべきなのか、キャンパスはどうあるべきかを議論し、形にしていく、ということですね。

　皆さんがそれぞれの所属・組織・企業に立ち返って考えるべきは、そのコンセプトの力ではないかと思います。

　たとえば、それぞれの会社において、世界の優秀な人材が集まって働く会社でありたいというコンセプトなのか、それとも日本人中心でやっていくが、外国人に助けてもらおうというコンセプトなのか。これはどちらがいいとか悪いとかではありません。

　または、一国二制度のようにして、ある部分に関してはこうした形でやっていくが、ある部分に関しては違う形でやっていくというコンセプトをもつのか、そういうコンセプトレベルの決断というのがあって、そこからさまざまな制度や仕組みがつくられ、結果がついてくる。そんな流れが大切なのかなと感じました。

　ここにお集まりの皆さんの組織や企業では、いまどのようなコンセプトなのでしょうか。または、グローバル化といわれる時代にあって、どのように変わろうとしているのでしょうか。お聞かせください。

参加者G　わが社では、ここ数年海外展開のために買収を重ねています。外国籍の社員比率が一気に高まりました。現在は内部監査室で海外の子会社に規定・ルールを導入するというところに関わっています。いままさにコンセプトをつくっているという段階です。基本的にはドメスティックな会社でしたから、海外での規定導入・制度設計の仕方は、現地のやり方は認めつつも、本社のやり方、人事のやり方などはすべて国内のものをベースに海外へ導入していくのです。そこに関しては、海外の子会社から反発があって、現状を踏まえて考えてくれとか、うちの国にはそんなルール・法律はないという話があり、日々とても変容していると感じています。

日本にいると同時に世界にいる
APUの学生たち

高津　ここ数年は日本企業は買収で海外へ拡がろうとしている段階で、グローバルに向けた新たなコンセプトをしっかりつくり込んでやっていくには、いいチャンスかもしれ

ませんね。

参加者H わが社は、売上比率で海外：国内＝50:50です。社内では長い間グローバルといい続けています。新しい社長になって約1年経ちますが、いよいよ日本人または海外の人という観念はなくしていこうという感じがしています。大きな課題ですが、人事制度そのものが年功序列あるいは終身雇用が前提となった制度でずっと来ています。これを壊さないかぎり、能力のある人がそれなりの報酬をもらうという制度の導入は難しいですね。しかし、日本人・外国人関係なく若くても能力があれば、相当なポストに就ける制度に変えていく必要がある、それがグローバルスタンダードの考え方なのだろうと思います。

高津 80〜90年代までのメーカーでは、輸出を中心とした成長は年功序列を軸とした制度に相当部分支えられていました。しかし環境が変わり、年功序列ではないものを入れるというのは、明らかなコンセプトの転換ですね。いまそれにチャレンジしようとしているわけですね。

　さて、ここまでさまざまな議論を重ねてきましたが、「国際人材」というのはたくさんいるのです。たとえば、アメリカやイタリアから来日して日本が好きになり、そのまま日本に住んでいるという人たちはたくさんいます。そして、そういう人たちは日米あるいは日伊、という二国の軸で物事を判断します。APUの学生たちは、日本にいると同時に世界にいるのです。そこでは学生たちは世界を感じているため、日本でも活躍でき、日本を飛び出して第三国でも通用するのでしょう。APUという実験が、日本企業や日本の大学、日本社会にさまざまなことを教えてくれるのだと思います。

　中心にあるコンセプトが何かということを、私たちはもう一度問い直す必要がある。今日はそのように感じました。ありがとうございました。

2013年9月19日に行われた「第5回 地球人財創出会議レポート」の内容を再構成

あなたが得た理解と気づきは？

ビジネス・インパクトを もたらす グローバルな企業内学習の つくり方を考える

「企業内学習（Corporate Learning）」とは、
真の「行動変革」と「業績へのインパクト」を
もたらすために、「企業」が、「学習」をどうとらえ、
どう図り、どう展開していくのか、単なる「人材育成」を超えて、
HR/HRDに携わる人々に仕事のあり方の変革を迫る概念だ。
IMD教授のベンハー氏がこの概念について語った。

シュロモ・ベンハー
IMD教授

ベルリンのダイムラー・クライスラー・サービス社やロンドンのBPグループにおいて「最高学習責任者」（CLO - Chief Learning Officer）などの要職を務めたのちIMD教授に。IMDの「Organizational Learning in Action」プログラムの担当ディレクター。著書に『企業内学習入門』（英治出版）など。

なぜ学習ソリューションが効果を発揮しないのか

「学習する能力こそが人類と他の動物を差別化するものであり、それによって人類が支配的地位を得ている」というピーター・ドラッカーの言葉があります。

「私より経験豊かな人々はいた。しかし、私には彼らよりも速く学習する力があった。ジャック(・ウェルチ前CEO)[※1]はそこに期待したのだ」

これはジェフリー・イメルト[※2]氏が、何人もの年長のライバルを飛び越えてGEのトップに抜擢された理由を考えた際に気づいたことです。

企業も個人と同様で、企業の成功は、いかに競合他社よりも速く学習することができるかによるところが大きくなっています。

これはつまり無形資産(ほとんどは人材)が企業の市場価値の大半を占めるからです。アメリカのリサーチ会社、フォレスター・リサーチ社によれば、驚くことにS&P500の企業の市場価値の85%までをその無形資産が占めているそうです。

企業の無形資産の大半を占める人材の価値を高めるためにも、今後Organizational Learning（組織における学習）はますます重要性を増していくはずですが、残念なことに近年はその進展が滞っているといわざるをえません。

Corporate Learningの複雑化や、満足度の低さ、離職率の高さなどが進展の障壁となっているようです。そしてCorporate Learningは必要性が低いと考えている現場の管理職は少なくありません。

1990年代、多くの企業でCorporate Learningに大規模な投資が行われていました。いまでも学習が企業の抱える中核的な課題であると、幹部クラスや管理職、社員らが考えているのは事実です。しかしながら、たとえば、90年代に大流行した「学習する組織（Learning Organization）」という概念は、いろいろな意味で「失敗に終わった革命」となってしまいました。

Note

※1 1981年から2001年まで米・ゼネラル・エレクトリック（GE）の最高経営責任者（CEO）を務めた人物。

※2 2001年からGEのCEOを務める。

どこで何を間違えてしまったのか。これに対して人事部門はどのように対応すべきなのか。この難題に応え、前進するための道筋を解説するために、いくつかのポイントをご説明します。

実践的であることの重要性

第一の大きな問題はこれまで提案されてきた学習ソリューションの多くがあまり実践的でなかったことです。学習が生み出す成果よりも、むしろプロセスに過度に注目していたのが、現実です。

従業員1人ひとりが学ぶことにより企業も変わり続けるという「学習する組織」の概念は誰の耳にも魅力的に響きましたが、それを実践しやすい運用システムやプロセス、慣習に落とし込み、具体的な形にしていくことができなかったのです。

「実際にどのような成果を出しているのか」に目を向ける代わりに「どのようにして学ぶべきか」に関して過度にアカデミックな追求を行った結果、「学習する組織」は20世紀末から21世紀初頭にかけて、期待されたようには、ビジネスを変えることができませんでした。

一番重要なのは時代の文脈

もう1つの大きな失敗は、時代の流れや文脈を考慮していなかったことです。世の中とビジネスの現場の全てをのみ込んできた巨大な変化の波を前に、それまでの学習のソリューションや手法が陳腐化してしまいました。

仕事の性質も変わり、働く人々自身も、テクノロジーも変わりました。そして、個人・組織・社会を結びつけるさまざまな関係が網の目のように絡み合うようになり、それらの垣根（バウンダリー）のあり方も変わってきました。

これらの要素の再検討はすべて、Corporate Learningにおいて何が悪かったのかを理解して、今後前進する道を見つけるために必要なものです。それだけに、これらの変化の特性と重要性について詳しく解説します。

Note

これまでとは違う新しい職場

　これまでは、機能、地域、組織、役割などの間の分担や分業が厳密でした。

　しかし、近年多くの組織とそこで行われる職務は、その性質が劇的に変化しています。人や職務内容を型にはめることが少なくなってきたのです。

　知識労働者が組織の大勢を占めるようになり、「ナレッジ・コミュニティー」はこれまでのあらゆる種類の垣根を越えるようになりました。また、ビジネスのサイクルが速くなり、CEOの在任期間も短くなり、四半期ごとの業績がこれまで以上に重視されるようになってきました。働く人たちは相互に、そして会社と四六時中つながっている状態で、オンとオフの境界線が曖昧になっています。

　Social Capital（社会関係資本）の需要が高まり、コネクティビティやネットワーキングの価値が著しく高まった。これらの流れが職場環境を大きく変え、旧来の学習様式に根本的な変化を迫ったのです。

人的要因

　変わったのは企業だけではありません。より根本的に変わったのは働く人のほうかもしれません。国ごとの文化などの多様性と比べて、世代間の多様性はあまり認知されませんが、私はもっと重視されるべきだと考えています。特に日本においては、他の国よりも重要かもしれません。

　世代が変われば学習スタイル、訓練方法、コミュニケーションの取り方、問題解決方法、意思決定プロセス、そしてリーダーシップのあり方も劇的に違います（次ページ図参照）。さらに、同じフィードバックに対する反応も異なれば、テクノロジーの使い方、転職に対する姿勢も異なります。

　さまざまな世代の人が共に働く社会においては、学習を構築する際、それぞれの世代に適したアプローチをつくりあげることがこれまで以上に重要になってきます。

　世代間の多様性に対応するということは、年配の世代に若い世代と同じ学び方を強いる、あるいは、その逆を行うということではありません。それぞれの世代に対して最も

Note

働く人のマインドの変化

	保守伝統派 ～1945年生まれ	ベビーブーマー 1946～59年生まれ	X世代 1960～74年生まれ	Y世代 1975～89年生まれ
研修	スパルタ式	やり過ぎると嫌気	引き留めたいなら必須	持続的に学びたい、学ぶことが楽しみ
学習スタイル	教室で	ファシリテーターと	1人で	協調的、ネットワーク的
コミュニケーションスタイル	トップダウン式	慎重	ハブ＆スポーク型	協調的
問題解決	ヒエラルキー重視	ヨコのコンセンサス重視	1人で	協調的
意思決定	承認を求める	チームに周知	1人で	チームで決定
リーダーシップスタイル	コマンド＆コントロール	邪魔するな！	コーチング	パートナー
フィードバック	便りがないのはよい知らせ	年に一度	毎日／毎週	必要に応じて
テクノロジー	不快	不安	なしでは働けない	与えられないなんてありえない！
転職	思慮不足	一歩後退	必要なこと	日常の一部

出典：Lancaster, L.C. and Stillman, D. Wheaton, IL. Harper Business　訳：IIBC

適切で効果的なアプローチを理解することです。

文化とビジネスと学習

　もちろんこの世代間の違いに注目することは、文化的差異のインパクトや、異なる文化背景をもつ人たちが協業したり競争したりしなければならないグローバルなビジネス環境で働くことの困難をやわらげるものではありません。文化が変われば、個人と個人を取り巻く世界との関係、権力と権威の所在、許容されることの種類と範疇が異なります。上下関係、計画と実践のバランス、協調性などの標準的な程度も異なります。

　特定の文化について検討する際は「この文化では何に集団帰属意識をもつのか。家族、社会、コミュニティー、同世代、会社のどれだろうか」と考える必要があるでしょう。文化によって集団帰属意識の表れ方が異なることを象徴的に表しているのが、ビジネスパーソンなら誰もがもっている「名刺」です。

Note

日本ではまず企業名を大きく印字し、次に個人の名前がくることが多い。一方、欧米ではその反対です。このような違いはただ興味深いということではなく、その違いを理解することは学習やビジネスのためのソリューションをそれぞれに適切な文脈の中で構築するために不可欠です。

例として、以前開催したインタラクティブセッションで、グループワークに参加したサウジアラビア人とスウェーデン人の違いについて紹介します。

ヒエラルキーを重視しない文化的背景をもつスウェーデン人は、何かの行動に着手する前に、まずコンセンサスをとることにかなりの時間を費やしました。一方、ヒエラルキーを非常に重視する文化があるサウジアラビア人は課題に取り組むこと自体を敬遠し、私に「結論を出していただけますか」と頼んできました。どちらが「正しい」「間違っている」ということではありません。ポイントは、それぞれの文化や文脈に対応した学習アプローチや人事アプローチをつくるには、このような差異の理解が前提となる、ということです。

テクノロジーの変化

過去数十年で劇的なテクノロジーの革新があったことは、ビジネスにおける議論ではあらためていうまでもないことですが、依然として重要な事実です。むしろかつてないくらい重要かもしれません。

オンライン・ラーニングは10年前とは根本的に変わりました。スマートフォンの性能が向上し、コンピュータープログラムが複雑化し、高度なソフトウェアは人間の学習プロセスを模倣できるようになってきました。

たとえば、私の息子は、一時はロンドンで音楽制作を学びたいといっていたのですが、必要な訓練はすべてスイスの家にいながらにしてオンラインで受けられることに気づき、自宅で学ぶことにしました。効果的なオンライン教育システムの誕生は、私のような教授職の者にとっては悪夢です（笑）。

こうした変化は、今後時間を経て人事やCorporate Learningにますます影響を及ぼ

Note

していくことは確かでしょう。

関係性について

　家族、コミュニティー、会社、そして個人の間をつないだり、それらを束ねたりする関係性を理解することも、効果的な学習アプローチをつくる上では重要となります。企業にとっての価値は企業というコミュニティーの業績に依存しますが、個人にとってはさまざまなコミュニティーをまたがって尊敬されることが大切です。ある個人が社外での活動で担っている役割に、その人の有効活用に向けた重要なヒントを見出せることもあります。

　ある人をある領域で能力不足だと断じてしまうのは簡単なことです。しかし、その人のプライベートに目を向けると、チャリティーに取り組んだり、オーケストラで指揮をしたりしているかもしれません。そこから、その従業員をどのようにして活かすことができるかのヒントを得ることができるかもしれません。

　硬直化した会社の視点以外の角度から人を見ることができれば、人事部門はこれまで期待されていなかったような付加価値を組織に提供できるようになるでしょう。

歴史の重み

　「学習」と聞くと多くの人は学校などの教室を思い浮かべがちですが、Corporate Learningではそうしたこれまでのアカデミックな世界のマインドセットから脱する必要があります。企業にとって大きな目標は富を生み出すことです。この生々しい現実に違和感を覚えるかもしれませんが、現実を無視することはできません。

　私はCLO（最高学習責任者）として何百万ドルもの予算を与えられると同時に、巨大な責任を引き受けてきました。私が請け負ったのは、人を楽しませることではなく、お金を稼げる人材を育てることでした。

　Corporate Learningは明確なゴールを描いて提供されなければいけません。行動の変化やパフォーマンスの改善を生み出さなければなりません。具体的なビジネスの結果

Note

につながる成果を出すことに執着することが最重要です。

Corporate Learningの進むべき道

では、ここまで述べてきたことから導かれる結論を述べます。

まず、学習戦略をビジネス上のプライオリティーに沿った形で構築することが必須だということです。つまり、リーダーシップ・コンピテンシーの性質を見通し、組織の総合的なニーズの充足に資するような行動の変化を生みだす、ということです。

これは人事部門と、たとえば研究開発といった社内の他部門がより緊密に連携することによって実現できます。また、そのためには人事部門は事業特性の理解を深めるために、事業の現場に出かけていくようにすべきです。

次に、組織のブランドイメージに根ざし、その向上に貢献するような強力な「学習ブランド」を構築すべく取り組むこと。学ぶことが生み出す付加価値を、上級管理職層にわかりやすい具体的な言葉で伝えること。そして、最後に、組織が必要としているスキルが確実に身につくようにすることです。

あなたが得た理解と気づきは？

インタラクティブ
セッション

「コンセプトの力」が
グローバル化を推進する

人事部門はどうすれば学習に対する新しい考え方を用いて
自らをパワーアップし、より積極的に対応することができるのだろうか。
インタラクティブセッションではベンハー氏への鋭い質問が飛び交った。

参加者A 私の印象では欧米の人事部門は日本企業以上に目に見える投資対効果（ROI）を上げることを求められているように感じます。やはり、そうなのでしょうか。このことについてお考えをお聞かせください。

ベンハー 欧米の人事の専門家は日本企業に対して、「人事部はこうしたほうがよい」などというのが好きなのですが、正直に申し上げて必ずしも自分たちがそれを実践しているわけではありません。

アメリカでは、学習の投資対効果については、それを狂信的に求めるという極と、評価指標として重視しないという極の間を、振り子のように揺れ動いている状態です。「期待対効果（Return on Expectation）」についてもかなり議論がされましたが、これも時を経てどんどん変わってきています。

私個人としては、ほとんどの企業においては、日本でも欧米でも状況は変わらないと考えています。どこの国でも、人事部は具体的な成果を出さずに済んでいる部分があるのではないでしょうか。しかし、いつまでもそのようなぬるま湯のままではいられないでしょう。

参加者B 多くの日本企業では幹部にMBAホルダーが少なく、どんなマネジメント教育も受けたことのない人が多いのですが、このことについてはどう思われますか。

ベンハー ビジネスに関する学習の多くが実際の仕事の中で生まれるのは事実です。しかし、一歩引いて自分が学んだことについて振り返り、それを知識と統合する機会をつ

Note

くることは非常に重要です。変化の速いビジネス環境においてはなおさらです。体系立った教育を受けることは、こうした作業をするよい機会になると思います。

経営トップの真の戦略的パートナーへと転換するために

参加者C 私の会社では業績が悪化すると、人事部門が真っ先に経費削減のターゲットになります。どうすれば、我々の価値を経営層に上手く伝えられるでしょうか。

ベンハー 現在、私たちは人事が管理部門の1つであり続けるのか、経営トップの真の戦略的パートナーへと転換できるのか、検証を続けている段階にあります。多くの組織で人事部門は、前向きな意図をもって仕事に取り組んでいるにもかかわらず、あまりよい評価を得られていません。

　人事のプロフェッショナルたちは目を覚まして、もっと積極的かつエネルギッシュなアプローチを行うことが必要です。企業の戦略的なゴールと人事の取り組みの方向性は何としても揃えなければいけません。

　これは思われているほど難しいことではありません。単純にトップをつかまえて、少し時間をとってもらい、具体的な会社のニーズについての話を聞けばよいのです。経営幹部と話をすることを恐れてはいけません。

　私がそうしたときは、必ずよい結果に結びついてきました。人事スタッフは、会社のニーズと、会社が社内外で置かれている状況の両方を理解している必要があります。ですから、自ら自社の工場や営業店に足を運び、会社が何をしていて、どのような課題に直面しているのか、現場感覚をもちましょう。マネジメント側からいわれるのを待っていてはいけません。

　逆に、会社に関する深い理解に基づき、先手をとって人事がどのようにして経営トップを支援できるのかを考えて、自分の提案をもってトップ・マネジメントにアプローチするのです。

参加者D 組織内における人事部門の重要性を向上させるための具体策の例を教えていただけますか。

ベンハー イギリスのある会社の事例をご紹介しましょう。ある社員が従業員のコミュニケーション方法について、長期間の

調査を実施しました。その結果、さまざまな社内コミュニケーションの場で、会社への不満の表明や愚痴が大変多いことに気づきました。愚痴には、社員のガス抜きという重要な役割があるものの「不満を口にする文化」が醸成されてしまい、人事部門も主に不満を述べるという形でトップ・マネジメントとコミュニケーションをとってしまっていました。

　これは、多くの企業に共通することで、人事部が然るべき評価をされていない理由かもしれません。被害者意識を捨てて、前向きな視点で自分たちがマネジメントに何を提供できるかに集中するべきなのです。

　先ほども申し上げましたが、会社のオペレーション、特に自社の商品やサービスについて勉強しましょう。

　研究開発や営業、その他の部門ともっと積極的に交流しましょう。そこで集めた情報に基づいて、ニーズを見つけ出し、マネジメントに対して人事がどのようにしてその問題を解決できるか、会社の目標達成を支援できるのかをプレゼンするのです。

多くの組織で不足している
人材活用のインテリジェンス

参加者E　ここ数年、特に2008年の金融危機以降、人事部にとって最大の変化は何だと思われますか？

ベンハー　倫理基準とアカウンタビリティ（説明責任）にあらためてスポットライトが当たったことだと思います。

　倫理基準は非常に重要であり、しっかりと取り組まなければいけないテーマであるという意識が高まっています。

　文化（企業文化、地域文化）と士気にも注目が集まってきています。総じて、目に見えない資産（Intangible Asset）が企業変革や業績回復にレバレッジ効果をもたらすという

Note

ことが、以前よりも幅広く認知されてきています。

参加者F 企業が人材を非常に重視していて、能力ある人材の不足が懸念されているという話をよく耳にします。

しかし、多くの組織では、社員の失業に対する心配や、不安感が増しているのが現状です。この矛盾について解説していただけますか。

ベンハー これは複雑な現象です。1つ知っていただきたいのは、多くの組織で「人材を活用するためのインテリジェンス（Talent Intelligence）」が不足しているということです。自分の能力を発揮することのできない役割にはめられてしまっている人や、組織に最大限に価値をもたらすことのできない働き方しかできなくなっている人がいます。

多くの会社は、才能を発掘する効果的なシステムをもっていないのですが、それをつくることは実はそんなに難しいことではありません。

人事部門はそういった人を一定の枠組みから解放する方法をつくり出すことで付加価値を提供することができます。グーグルなどはこういったタスクに非常に長けている会社なのですが、職務職責が硬直的な古くからある伝統的な会社では、これを行うことがより難しいというのは定説です。

前進するための「日本流の方法」を見つけよ

参加者G 常に大きな教訓となる事例はGEやグーグル、ナイキといった会社のものです。しかし、私にはどうしても「特殊なケース」に感じてしまいますし、欧米的な企業文化があってのものです。

すべての日本企業で同様のマインドをもって同じように動かそうと考えることは、現実的ではありません。こういった事例を日本のビジネス環境の中で活かしていくにはどうすればよいでしょうか。

ベンハー 私のお話が皆さんに海外流の方法を採用するようにいっているような印象を与えていないとよいのですが……。

それぞれの文化によって、ビジネスのスタイルは異なります。日本は極めて力強い、重要な文化的背景をもっていて、これは全ての日本企業の土台となるものです。数日前に京都で庭園や歴史的建造物を見ていたときに、心からそう思いました。

　欧米とは異なることが非常に多くあり、この歴史上の相違は簡単に変わるものではないと思います。

　このような違いは、今後グローバルなレベルでの課題に直面したときに、他にはないまったく新しいソリューションを生み出す源になるのではないでしょうか。

　1980年代、世界中が日本を未来のリーダーとして見ていた時期がありました。そして1990年代以降今度は同じくらいのインパクトをもって日本がなぜ「失速してしまった」かを世界中が見ているという感覚があります。

　しかし、私は文化的にも、経済的にも日本は非常に重要な存在であり続けると信じています。

　日本企業は現在、世界中で企業買収を行っていますし、いままでにない緊密な形で世界中の企業と交流しています。並行して、国内市場が縮小している感がありますが、日本企業はこの問題と正面から本気で向き合い、前進するための「日本流の方法」を見つける責任を（日本に対してだけでなく、世界に対して）負っているのではないかと思います。

　たとえば、ビジネスリーダーは周りを鼓舞する存在でなければいけません。しかし、この言葉のもつ意味は日本においては、ヨーロッパやアメリカ、中国や世界のその他の国とは全く違う意味をもつでしょう。

　日本において鼓舞するということは、アメリカ流リーダーシップの特徴である「大音量」型の人目をひくものとは異なり、もっと静かな形であるものではないかと思います。それが何なのか、実のところ、私にはよくわかりません。そしてそれこそが、ポイントなのです。つまり、日本流の鼓舞の定義は私ではなく皆さん発でなければならないのです。なぜなら、皆さんは日本人で、私はそうでないからです。

　いま、この時代に日本人であることは素晴らしいことです。非常にリアルな形で世界のいろいろな場所の人々が将来に向けたヒントを日本に求めています。考え方や行動が異なるところからこそ新しい答えが生み出されることに世界が気づいたから、日本に新しいアイデアを求めているのです。

　個人的には、今後日本企業のサクセスストーリーをたくさん書くのを楽しみにしています。クリエイティブに考えてください、自分の文化のどこが他国と違うのかを理解してください、そしてその違いを誇りに思ってほしい。私はそう思います。

2014年5月26日に行われた「第9回 地球人財創出会議レポート」の内容を再構成

あなたが得た理解と気づきは？

第4章　真のグローバル化に必要な学習とは？

シンガポール拠点における日本企業の現状と課題

今後、巨大市場として成長が
期待されるアジアだが、
時代変化の激しさやASEANという
地域の独自性、複雑性も相まって、
機能している地域統括拠点は少ない。
マーサー ジャパンの古澤哲也氏が
現地で行った調査結果をもとに、
シンガポール拠点における日本企業の
現状と課題について整理して語った。

古澤哲也
**マーサー ジャパン株式会社
組織・人事変革コンサルティング
プリンシパル**

住友銀行（現三井住友銀行）、ワトソンワイアット（現タワーズワトソン）を経て現職。さまざまな分野における人材マネジメントシステムのグランドデザインから導入・定着化まで、幅広いプロジェクトに従事。コンピテンシーアセスメントや多面評価による「人材の可視化」と社員意識調査による組織マネジメント分析（「組織の可視化」）を通じた人と組織の潜在能力に合わせた活性化や変革を行ってきた。

事例研究

人材の獲得・確保の能力を
いかに向上するかが課題

まずASEAN市場の特徴を簡単に説明させていただきます。

1つ目は、まず急成長が見込まれる市場であり、日本の企業にとって非常に魅力的であるということです。各国のGDPの状況を見てみると、いわゆる先進国水準といわれる1人当たりのGDPがUS$30,000以上の国はシンガポールとブルネイだけです。

ASEANというと、日本人は東南アジアというくくりでイメージをしがちです。ですが、先進国水準と同じだけの購買力をもっている先進国グループ（シンガポールやブルネイ）と、それらとはかなりの差がある中進国グループ（マレーシアやタイ）と開発途上国グループ（インドネシア、フィリピン、ベトナムなど）というように国々の成長ステージはまちまちです（次ページグラフ参照）。

国によって文化も法律も違う。それらをまとめて急成長する魅力的なASEAN市場と呼んでしまっている。そこが1つ難しい点だということをお伝えしておきます。

日本企業がASEANに統括組織をつくるケースが2000年代後半から最近になって急激に増えています。有名なところですと三菱ケミカル、HOYA、三井化学、日産、パナソニックといったところがRegional HQ（RHQ）を、一部の企業ではGlobal HQをシンガポールに移転させています。

その背景として、先ほど申し上げたようにASEAN市場が多極的かつ多様な市場の集合体であるために、日本の本社から個別の国の理解をして指示を出して対応することが難しいということが考えられます。前線基地としてのRHQをつくって、現地により近いところで情報を集めて、そこで適切な判断、意思決定をしてほしいという役割分担となっているようです。

以上のことがASEAN市場の概要となりますが、そういった中で組織や人事についてどういったことで悩まれているのかを、定量的に把握するため2014年の4月に弊社で調査を実施しました。

第4章　真のグローバル化に必要な学習とは？

Note

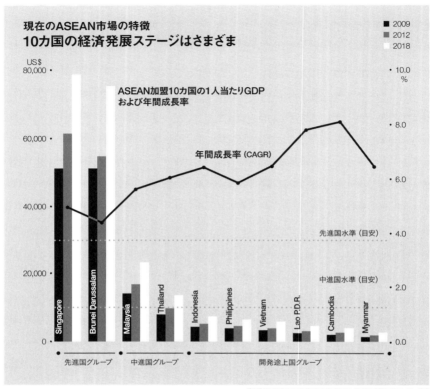

　参加企業は、シンガポールに統括組織をもっていらっしゃる企業、もしくはこれからもとうとされている企業です。どこも上場している日本を代表するような企業です。その中で組織人事機能に着目して、その機能ごとの重要性と充足度について質問してみました。

　次ページのグラフのImportanceの部分は重要性、重要と思うかどうかという質問に対しての回答です。その下のEffectivenessの部分はそれに対する現状の充足度です。この中で重要度と充足度のギャップが比較的大きい「2」以上のものを左側に太字で表示

Note

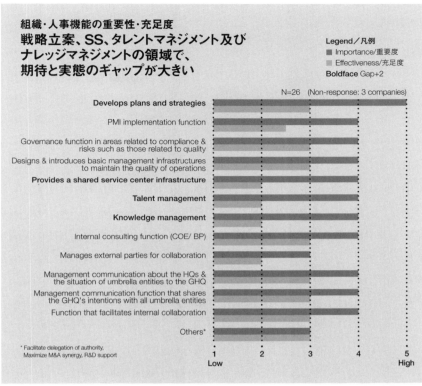

出典:マーサー在シンガポール日系企業統括拠点の現状に関するサーベイ

してあります。

1つ目が「Develops plans and strategies」戦略立案的なものです。

2つ目が「Provides a shared service center infrastructure」基盤の整備。

それから「Talent management」「Knowledge management」となっています。こういった部分で期待と実態のギャップが大きいということが浮き彫りになりました。

次に、現在取り組んでいる施策について伺いました(次ページグラフ参照)。左側は「Ongoing」、既に着手されている施策となります。

Note

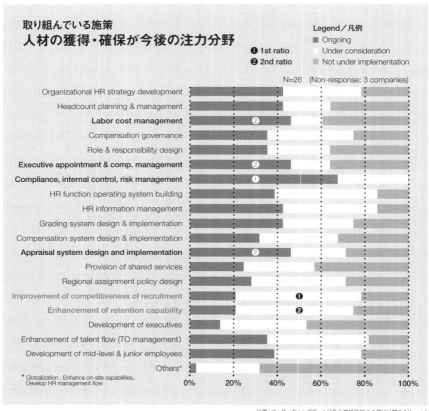

出典：マーサー在シンガポール日系企業統括拠点の現状に関するサーベイ

　真ん中は「Under consideration」、現在検討中で今後取り組む予定の施策です。右側は「Not under implementation」、しばらく取り組む予定のない施策です。①、②というのはそれぞれのカテゴリーの中でのポイントの上位2番目までです。

　既に着手しているもので最も高いものは「Compliance, internal control, risk management」、いわゆる内部管理、内部統制的なものです。やはりリスクに直結してきま

Note

すので、日本の企業はさすがにここを重点的にやってらっしゃいます。

その次が「Executive appointment & compensation management」幹部任命と報酬。ここのところも重要です。同じく「Labor cost management」「Appraisal system design and implementation」、こういったいわゆるガバナンスというか、何を要求してそれに対してどういう報酬を設定していくかというコスト関連に関しての施策は既に着手しているというのが現状です。

そしてこれからやろうとしている施策、逆にいえばいま十分にできていないと皆さんが感じているもの。まずは「Improvement of competitiveness of recruitment」、もう1つは「Enhancement of retention capability」、要するに人材の獲得と確保です。これらはやろうと思っているけれど、まだやっていないといえます。

では、なぜこれらの施策が進まないのかということなのですが、一番の原因は担い手の不足、それから情報の不足、権限の不足、予算の不足。人材の獲得・確保が必要だといっているのにもかかわらず、それをやる人材がそもそもいないというのは少し皮肉な話です。現場の人材も足りないかもしれないけれど、人事も足りないということです。詳しくお聞きすると頭数は合っているけれども、能力スペック、期待能力との不一致ということが随所で起こっているというのが現状のようです。

定量調査のまとめとして、今後、組織・人事面で取り組むべきことは、人材の獲得・確保であるが、人材不足でその施策がうまく進んでいない。ビジネス推進面、人材マネジメント面双方にとって、人材の獲得・確保の能力を向上させることが、日本企業に共通の課題であるといえるのではないかと思います。

Singapore's 100 Leading Graduate Employers Ranking※について少し触れます。

シンガポールの学生の好む企業としては、Public Sector、Investment Banking、FMCG（Fast Moving Consumer Goods）/Retail、このあたりが多いです。やはりPublic Sectorは強いですね。シンガポールのコンサルタントにどうしてこういう結果

Note

Check Point
人材の獲得と確保に課題を抱える企業が多い。

※ シンガポール国内の大学生が選ぶ働きたい企業ランキング。

になるのかを聞いたところ、日本の企業は「Employee Value Proposition（EVP）」、いわゆる企業ブランディングとか採用ブランド、雇用ブランドといったものの取り扱いをやっていないように見えるといわれました。そもそも私自身が「Employee Value Proposition」という言葉をうまく訳せません。そのこと自体から見ても、日本の人事の中にそういった概念があまりないのではないかという感じを受けました。

　企業ブランディングとか雇用ブランドというのは、採用、処遇条件も重要ですし、さらにはそこでどういったCareerのOpportunityがあるのかというところ、またCultureとして働きやすいのか、自分の性格に合うのか合わないのかといった複合的な要素から醸成されるものだと思います。

　これまでのお話をまとめますと、ASEAN、シンガポール市場への進出は大きなチャンスであると同時に、他地域の経験が活かせない、非常に多様化した市場の集合体であるので、チャレンジである。中でも人材の獲得と確保が各社の共通の課題である。

　人材の流動性の高いシンガポールにおいては優秀な人材を確保できるか否かが事業成功に大きな影響を及ぼす。しかし日本企業は企業ブランド（EVP）の醸成経験が不足しており、この機能に着目し強化することが求められている、ということになります。

Check Point
ASEAN、シンガポール市場への進出は大きなチャンスであると同時に、非常に多様化した市場の集合体のためにチャレンジである。

Note

あなたが得た理解と気づきは？

どうすればグローバルで戦える人材を集めることができるのか?

世界中の企業が、これからの成長の大きな源はASEANにあると考え、進出してきている。
そうした中で、日本企業が世界の企業と渡り合えるだけの人材を確保するには、
どのような課題を克服すべきなのか。
参加者たちからさまざまな見解が提示された。

参加者A 今日はどうもありがとうございました。私は転職斡旋の仕事をやっておりますので非常に興味深く拝聴いたしました。日系企業と多国籍企業といわれる所では、ブランディングとかリテンションは違うと思いますが、その結果として離職率に違いがあるのでしょうか。日本の企業のほうが離職率が高いかどうかを知りたいのです。また、離職率が高いということは流動性が高まるということでもあって、それは生産性を改善していることになるのか、それともノウハウが蓄積しなくて、進歩が遅くなると捉えるべきなのか。どのくらいの離職率があるべきモデルなのか。日本国内で大手だと、恐らく離職率はそんなに高くない話だと思いますが、それがどの程度と理解をすればいいのか、見解を聞かせていただければと思います。

古澤 日本の企業と多国籍企業を比較したデータを我々はもち合わせていないのですが、日本の企業に関して感覚的にいえば、2つに分かれると思います。2つというのは、同じ会社の中で2つに分かれるという意味で、いる人はずっといるし、変わる人は絶えず変わっているということです。長くいる人は優秀な人もいますが、そうでない人も多くいます。よくあるのは、日本語ができる人材を比較的若い時期に採用して、市場の離職率が高いので毎年10%くらいの昇給をした結果、その人の実力以上の給料を払っていたというパターンです。その人は他に転職した場合、給料が下がることになるので離職はしない。このケースは実はどの企業にも必ず何%かは存在します。

Note

もう1つの生産性に関してですが、優秀な人が抜けた場合は、やはり生産性が下がります。特に日本企業は、日本の本社とコミュニケーションを取りながら価値を出していくというやり方で、コミュニケーションコストを下げていくという企業が多いです。ただ欧米のように「あなたはこれをやってください」というジョブディスクリプションが決まっているわけではないので、パフォーマンスするまでのリードタイムが一定期間必要になります。ですからその分の生産性の低下はあると思います。その一方、ただ長くいるというだけで、非生産的になるデメリットもあると思います。

長年培ってきた企業文化に
グローバル基準をプラスせよ

参加者B　人事的な制度、仕組みがグローバル化されて欧米並みになったとして、日本企業なりの問題というのはあるのでしょうか。
　先ほどのデータですと、やはりサラリーの話、キャリアアドバンス面の話があると思いますが、では、そこさえよければ日本企業は世界で一流の人材を採用できるのかということをお聞きしたいです。
高津　課題を克服すれば勝てるのかということですね。いかがでしょうか。
古澤　今日申し上げてきた課題、他にもいくつか課題はありますが、それらを解決できたら日本の企業は勝てると思います。世界中のどこに行っても、これだけ道にごみの落ちていない国はないと思います。それはやはり日本人としての文化が根底にあると思います。それに根差した企業文化というものがあると思います。グローバルで戦う基準とか基盤のベースのところができていれば、そこをうまく活用してプラスアルファになっていく余地はあると思います。
　一方で日本人固有の弱さ、たとえば外国人と議論した際、違う意見をいわれると引いてしまうというところがあります。外国人は、違う意見が当然、反論することは悪ではないという考え方をします。
　また、日本人は目立つことをよしとしない部分もあります。そのような日本人だからこそビハインドしている性質、気質的なものが影響しているところもあると思います。
高津　一点、私から皆様に投げかけたいテーマがあります。古澤さんのお話の根幹の部分とも繋がっていますが、現状を分析してみると、日本企業は採用とかリテンション、キャリアパスづくりという点であまり魅力を感じてもらっていないようです。それは伝

え方の問題があるのかもしれませんが、その一方で、もしかしたら中身そのものの問題もあるのかもしれないというのが、本日の大きなテーマの1つだと思います。

　もしそうだとしたら、日本企業としてどうするべきなのか。自分たちでもっとコミュニケーションをすればいいのか、それともキャリアパスをしっかりとつくるとか、あるいは第三国間移動を企てていくという中身まで含めてやるべきなのか。それとも、日本企業にはそれはできないのではないかと思われるのか。まずは皆さんのご意見もお聞かせいただけないでしょうか。

変化も必要だが
「日本人だからこそ積み上げてきたもの」もある

参加者C　グローバルで戦って行く上では、いま高津さんがおっしゃったようなことをしっかりやらなくては、日本企業は伍していけないと思っています。

高津　ありがとうございます。いまのようなご意見の一方、これまでの日本のやり方や伝統があるので変えていくのは大変だという人はいらっしゃいますか？

参加者D　基本的には変えていくべきだとは思いますが、何が収益につながるのか、グローバルで勝てるのかというのがポイントになると思います。私が働いているメーカーでは「日本人だからこそ積み上げてきた」というものもあるので、そこは冷静に評価をするべきだと思います。

高津　要は企業として勝つために必要であれば変化するべきだし、そうでなければ変化するべきではないということですね。他にご意見はありますか。

参加者E　個人的には、真のグローバル企業というのは、日系の企業だからといって必ず本社が日本になくてはいけないのかということを常々思っております。本当のグローバル企業、たとえばファーストリテイリングさんなども移っていますね。自分たちが日本人で、自分たちがメインだから、日本をベースにするという考え方をしていたら、グ

Note

ローバルにはなれないのではないか。活用できる人材をフルに活用していかなくては、まさに地球的に企業は残れないのではないかと思います。

参加者F　先ほどおっしゃられたように、日本の本社の経営メンバーの中にどれだけ海外の人材がいられるようになるのか。そしてそれがExpatsという特別対応の人たちではなく、いわゆる中間管理職レベルくらいのレイヤーまでが、日本人が駐在で海外に行っているのと同じくらいの比率で、海外からの人材を受け入れられるようにならなくては駄目なのだろうと思います。それがファーストステージではないかと思います。

　私は人材ビジネスをしておりますが、現在この業界では、日本の企業に対する人材、転職サービスに対して、外資のエージェントが深く入り込んできています。いわゆる日本の企業が、日本の人材を、日本の企業に紹介していくというシェアが急速に奪われつつあります。

　この現象を見ていると、日本の企業の中でも外国人の目線で人材を斡旋、あるいは採用していくということに興味関心が高まっているようです。これが広まっていくことが、日本の企業のグローバル化、またグローバルで戦う態勢づくりになるのではないかと思います。

制度やルールだけでなく
意識までも含めた変革が必要

高津　ありがとうございます。これは多様な考え方があって、簡単に結論の出る話ではないと思います。古澤さんのご意見はどうでしょうか。

古澤　コミュニケーションなどの中身を含めて変わるべきか否かということは、私はそれを商売にしておりますので変わっていただければありがたいとは思います。ただ中身を変えるということは、制度をつくるとか、ルールをつくるとか、プロセスを変えるということではなくて、本質的には意識までを含めたチェンジマネジメントだと思います。それをやると必ずといっていいほど社内は混乱をきたします。そのリスクをどこまで負うかということは1つの判断になります。

　企業によっては、日本の本社を大きく変えることによるリスクを負うことはできないということで、グローバル事業を縦割りにしてグローバルのトップにはノンジャパニーズの幹部を据え、そこからオペレーションをするという二重構造にすることころもあります。そういったパターンでリスクヘッジをしながらやっている企業もありますが、本

質的には問題の先送りのような気もしますし、将来的にはさらにギャップが広がるのではないかという意見もあります。

とはいえ、なんらかのトライアルをしながら、グローバル対応をする部分を社内のどこかにつくっていくという試みは評価できると思います。

高津 時間になりましたので私なりにまとめたいと思います。シンガポールを拠点として見たときに、アジア各国それぞれに違う国でそこに合ったサービスを提供する、もしくはそこに合ったビジネスモデルをつくっていくことが大事です。そういったことができる人材を取り込んでいかないと日本企業はいつまで経ってもアジアに合ったものをつくることができないかもしれないというリスクがあります。しかし、いまはそういう人達を採用するのに十分な魅力を発信できていないという現状です。

そう考えると、どこまで日本企業的であり続けるのかという議論はあるのかもしれませんが、少なくともビジネスをやるため、勝つために必要な人材を採用するループに入れていないという事実は厳然としてあるように見えます。各企業がどこまで、何をやっていくことで勝てる状態をつくるのか。それは、ここにお集まりになった皆様の大きな宿題なのではないでしょうか。

2014年11月6日に行われた「第12回 地球人財創出会議レポート」の内容を再構成

あなたが得た理解と気づきは？

巻末特別インタビュー

日本の課題としての英語とイノベーション
社会と組織、個人がなすべきことは?

グローバル化への対応がなかなか進まない日本企業が多いのは、
「社会や企業の構造にも問題がある」と指摘する竹中平蔵氏。
小泉内閣において郵政民営化などの構造改革を推進した竹中氏が、
グローバル化において日本の社会・企業が抱える課題、
グローバル社会を生き抜くために必要な能力と
それを高める方法などについて語った。

撮影●関 幸貴

竹中平蔵
慶應義塾大学 総合政策学部 教授

1951年、和歌山県生まれ。経済学博士。73年、一橋大学経済学部卒業後、日本開発銀行入行。81年に退職後、ハーバード大学客員准教授、慶應義塾大学総合政策学部教授などを務める。2001年、小泉内閣の経済財政政策担当大臣就任を皮切りに、金融担当大臣、郵政民営化担当大臣、総務大臣などを歴任。04年、参議院議員に当選。06年9月に参議院議員を辞職して政界を引退し、現職。

グローバル社会で
求められる3つの力

　2015年8月、世界の株式市場は中国市場の動向に大きく揺さぶられました。この出来事を通じて、世界中の人々は中国経済の大きさをあらためて強く認識したことでしょう。中国を含め、新興国の存在感は2010年代に入ってから一層高まっています。同時に、世界経済の相互依存関係も強まっています。

　世界規模の変化を引き起こしたきっかけは、1989年に起きたベルリンの壁の崩壊です。80年代まで、市場経済を構成する旧西側諸国の人口は30億人ほどでした。90年代以降、壁の向こう側にいた30億人が加わり、60億人に増えました。さらに、その後人口は10億人増え、70億人の世界市場が生まれました。いま、デジタル革命によって、その70億人はそれぞれにつながり始めています。私たちの眼前に現れた新しい世界に対して、多くの人々がチャンスを感じています。確かに、そこには巨大なチャンスがありますが、誰もがチャンスを得ようとしているので競争は熾烈です。いま、私たちはそんな厳しいグローバル社会に生きています。まず、その現実を認識する必要があります。

　では、グローバル社会を生き抜くためには、どのような能力が求められるのでしょうか。MITメディアラボ所長の伊藤穰一氏が、インターネット時代に重要とされるいくつかの原則を提言しています。それらは、グローバル時代に必要とされるものでもあると思います。その中から3つ紹介しましょう。

　"Compass over Maps"、地図よりもコンパスのほうが大事。変化の激しい環境においては、一度つくった地図はすぐに古びて使いものにならなくなります。それよりも、「この方向を目指す」という確かなコンパスをもちましょう、ということです。

　周囲を見渡すと、いまも色あせた地図を頼りにしている人は多いかもしれません。たとえば、「有名大学に入って大企業に就職すれば、一生安泰に暮らせる」という地図です。かつては有効な地図だったかもしれませんが、いまでは通用しません。この10年ほどの間にも、私たちはいくつもの大企業の破綻を目撃してきました。そのような古い地図ではなく、「自分の専門性は何か」を見定め、「どのような方向に進むか」というコンパスを手に入れることが、これからの時代には求められます。

　次に、"Resilience over Strength"。どんなに頑丈な建物をつくっても、巨大地震や津波が起きれば壊れてしまうかもしれません。こうしたタイプの強さではなく、復元力や柔軟性をもった強さが重要。未来は予測困難であり、いつ何が起きるかはわかりませ

ん。大きな変化が起きたとしても、それに対応して、自分を立て直すことができるかどうか。そんな力が必要とされる時代です。

そして、"Learning over Education"。既存知識の吸収に重きを置いた教育よりも、自ら主体的に学ぶことが大事です。偏差値教育で詰め込んだ知識の多くは、すぐに役に立たなくなってしまいます。たとえば、いまの歴史の教科書によると、鎌倉幕府の成立は、私たちの世代が学生時代に教わった「いいくにつくろう」の1192年ではないそうです。知識を暗記してため込むのではなく、常に新しいことを学ぶ姿勢が重要です。

かつてないスケールとスピードで進む
グローバル化

ベルリンの壁の崩壊はグローバル化を加速する契機になりましたが、グローバル化そのものは古くて新しいテーマです。

日本の歴史を遡れば、たとえば大化の改新があります。7世紀前半、中国に唐という統一国家が成立します。唐の力を背景に、朝鮮半島では新羅による統一の動きが進んでいました。こうした動きに危機感を募らせ、日本にも同様の強い権力が必要と考える人たちがいました。それまでの大和朝廷は諸国の連合体のようなもので、統一国家とは名ばかりだったのです。もしも外敵が攻めてくれば、このままではとても戦えないだろう。そこで、日本は大化の改新を経て、唐に学んで律令国家をつくりました。

ローカルルールがモザイクのように集まった国から、統一ルールが適用される国へ。明治維新もそうでした。アヘン戦争で清が英国に敗れ、「このままでは日本も侵略されてしまう」と考えた若者たちが明治維新の原動力になったことはよく知られています。実は、同じようなことは大化の改新のときにもあった。日本の歴史は、海外との関係の中で動いてきたのです。ただし、大化の改新や明治維新の時代と比べると、現代においては、グローバル化の質がまったく異なることには注意が必要です。特に、スケールとスピードの違いです。かつては数十年かけて徐々に起きた変化のプロセスが、いまでは数カ月、数週間で一気に、世界規模で展開されることも珍しくありません。

グローバル化の流れが今後弱まることは考えにくいと思います。2012年に文藝春秋から出版された『2050年の世界──英「エコノミスト」誌は予測する』の中で、同誌編集部はいくつかのメッセージを発しています。第1に、いろいろな問題、反対意見があっても、グローバル化はさらに進むだろう。第2に、英語は国際語の王者として君臨し続

けるだろう。第3に、21世紀はイノベーションの競争の時代になるだろう。

　以上の3点について、私も同感です。おそらく、賛同する人は多いでしょう。3つの視点で今日の日本を見ると、まだまだ課題が多いことに気づくはずです。たとえば、日本人は英語があまり得意ではない。イノベーティブな人材は、ともすれば組織から排除されがち。こうした課題意識から、教育と企業の現状を具体的に考えてみます。

日本社会に蔓延する「中年症候群」

　まず、教育です。グローバル化のさらなる進展に対して、日本の教育は準備ができているでしょうか。世界的な視野から見ると、日本の大学のレベルは低いといわざるをえません。私が以前ハーバード大学で教鞭をとっていた時期、知日派の教授とよくランチをともにしました。彼は「日本の大学のレベルは低い。東京大学は日本で一番かもしれないが、私たちから見れば、単に『東京にある大学』でしかない」と話していました。

　いくつかの機関が世界の大学ランキングを発表していますが、トップ100に入る日本の大学は2〜4校程度です。たとえば、イギリスの新聞『Times』が発行している高等教育情報誌『Times Higher Education』のランキングの最新版（2015-16）では、東大がアジア首位の座をシンガポール国立大学に明け渡したことが話題になりました。東大は43位、京大が88位で、日本でトップ100入りした大学は2校のみ。同じランキングでは中国で2校、面積の小さな香港とシンガポールでも各2校が100位入りしています。

　アジア各国の大学は急速に力をつけています。また、政府や社会がグローバル化を意識した教育に熱心に取り組んでいます。10年ほど前、私が台湾の大学を訪れたときのことです。学生や教員をつかまえて、「ライバル校はどこか」と聞いてみました。すると、異口同音に「シンガポール国立大学」という答えが返ってきました。

　日本の大学で同じ質問をしたらどうでしょう。いまでも、東大で聞けば「京大」、早稲田大学で聞けば「慶應」といった答えが多いのではないでしょうか。世界への視野をもてば、そういう狭いエリアでの競争をしている場合ではないはずです。台湾の学生たちはとっくに気づいていることですが、日本ではまだまだグローバルへの意識が弱いと思います。ただ、日本でも少しずつ変わろうという機運が高まってきたことは確かでしょう。学生数の減少を受けて、何らかの独自性を打ち出そうとする大学は増えています。しかし、自らを変えるのは簡単なことではありません。

グローバル競争やイノベーションを意識した
教育の改革が必要

　たとえば、英語教育。英語で90分の授業ができる教授、英語でディスカッションができる中学・高校の英語教員はどれだけいるでしょうか。英語を話せない教員から話せる教員に入れ替えようとすれば、既得権益の厚い壁が立ちはだかります。これは、労働市場改革とも密接に関係するテーマです。

　古い地図ではなく、コンパスに基づく議論が必要です。教育における従来型の地図は、環境変化の中で陳腐化しつつあるのではないでしょうか。

　日本が戦後つくり上げた教育システムは、素晴らしいものだったと思います。富める者、貧しい者、あらゆる子供たちに教育の機会が与えられました。地方都市の商店街で育った私も、最高の教育を受けることができました。70年前にどん底を味わった日本が復興し、世界の先進国にキャッチアップする過程において、従来の教育システムは適合的なものだったと思います。しかし、世界の先頭集団と肩を並べた段階では、教育はグローバル競争やイノベーションをより意識したものに変えていく必要があります。

　先ほど大化の改新と明治維新に触れました。日本の歴史を振り返ると、私たちの祖先が世界情勢や経済環境の変化に対応し、巧みに制度を改革してきたことに気づくはずです。これは、日本人のもつ素晴らしい特質だと思います。

　一定の圧力がかかるとポキリと折れてしまうような強さではなく、柔軟性を合わせもつ強靭さ、すなわち Resilience を日本は備えています。最も強いものではなく、変化する環境に適応できるものが生き残るというダーウィンの言葉がありますが、まさに、その能力によって日本は長い歴史を紡いできたのです。

　1990年代頃から、日本人はその最大の強みを忘れてしまったのではないか。自信を失い、変化することをためらうようになりました。このような状態を、ソニー元CEOの出井伸之さんは「ミドル・エイジ・シンドローム」と呼びました。中年症候群。私自身も実感することがありますが、中年になると変わることが怖くなります。変わることで、大事な何かを失うのではないかと恐れるのです。

　一方、若者はどうでしょうか。最近、若い人たちが海外に行きたがらないという話をよく聞きます。ここにも、中年症候群と似た側面があるように思います。私はよく「too comfortable to change」というのですが、日本社会があまりに心地よいので、わざわざ外に出ていこうとは思わないのでしょう。

中年症候群の人たちが恐怖感を克服する、あるいは若者たちが危機感をもって自らを変えるためには、まず時代が変わったことを認識しなければなりません。その上で、もともと備わっているResilienceに誇りをもち、コンパスに磨きをかけ、ラーニングの姿勢を取り戻す必要があると思います。

グローバルでの競争を勝ち抜くために
企業が求めるグローバル人材とは？

　次に、日本企業の課題を考えてみましょう。日本企業はグローバル社会において競争し、勝ち抜くための変革に取り組んでいるでしょうか。

　日本企業全体を対象に、「できている」「できていない」と論じることはできません。産業分野や個々の企業によってさまざま、いわばまだら模様です。グローバル化に対応しなければ生き残れない企業は、歯を喰いしばって自らを変えてきました。一方、さまざまな制度に守られているから大丈夫と思っている企業では、改革が進んでいません。

　とはいえ、全体としてグローバル化への意識が高まりつつあることは、間違いありません。経営者はイノベーションを求めていますし、もっと海外で稼ごうと発破をかけています。そのために、前向きな投資を続けている企業も少なくありません。最近は、「来れ、グローバル人材」と積極的にPRする企業も増えています。ただ、企業として本当に変わろうとしているかというと、疑問に思うことも多くあります。いま、多くの企業がグローバル人材を求めていますが、では、現在の幹部やボードメンバーはグローバル人材といえるような人物でしょうか。極端ないい方ですが、ボードに名を連ねているのは社長の弟分のような人たちばかりという日本企業も珍しくありません。

　これでは、社長の失敗が明らかになったとしても、誰も止めることはできません。社長が将来性のない赤字事業に固執している状況で、その社長に幹部に昇進させてもらった人が「やめましょう」と諫言できるでしょうか。

　収益の最大化を目指しているはずの企業で、実際に行われているのは、社長の居心地の最大化だったりします。そんな企業の経営者が欲しいグローバル人材とは、世界で活躍できる能力をもち、同時に上司に服従し、社長に対して上手におべんちゃらがいえるような人材かもしれません。果たして、そんな都合のいい人材がいるのでしょうか。

　これはコーポレートガバナンスの問題です。社長の居心地ではなく、収益を優先する組織をつくるには、社内の子飼いの部下だけで取締役会を固めるのではなく、外部の視

点を取り入れる必要があります。そこで、私は産業競争力会議で社外取締役の導入を提案したことがあります。2年ほど前のことですが、当時は経団連が大反対でした。ある意味では、当然のことかもしれません。経団連は社長や会長の集まりです。社内の空気を読まずに厳しいことをいうような人が、取締役会にいては困るということでしょう。

しかし、その後、議論の流れが変わりました。世界的な潮流を考えると、従来通りのコーポレートガバナンスではいかにも問題が多いという意見が大勢を占め、2015年から上場会社に対しては社外取締役の義務化に近いルールが適用されます。

コーポレートガバナンスにもグローバル化が求められる

社長の居心地の最大化は、株主利益の最大化と矛盾します。経済学では、プリンシパル - エージェント問題と呼ばれていますが、なかなかやっかいな問題です。企業におけるプリンシパル＝株主は、利益を最大化してもらいたい。一方で、社長が豪華な社長室や社長車を使いたい、多くの秘書をもちたいと思っているとすれば、そこには利益相反が生じます。プリンシパルは利益最大化のために、代理人として社長を選任したわけですから、代理人＝社長に好き勝手なことをしてもらっては困ります。

そこで、社長をチェックする仕組みが必要になる。その1つが社外取締役です。もちろん、制度をつくっただけでは変わりません。社内の執行部と社外取締役とが馴れ合いになって、チェックシステムが骨抜きになる可能性もあるでしょう。しかし、日本企業のコーポレートガバナンスを強化する上で、社外取締役の存在は大きな意味をもつものだと私は考えています。こうした変化により、居心地が悪くなったと感じている社長さんもいるかもしれません。しかし、何千人、何万人の組織を率いるリーダーが、その地位にふさわしい知力や精神力を備えているのは当然のことです。外部の目にさらされ、内輪の論理を無視した意見をぶつけられたくらいで精神的な安定が損なわれるようなら、適任者に交代すればいいだけのことです。

企業の内なるグローバル化、つまり外国人の採用、あるいは幹部への登用も「社外の目」と同じ文脈で考えることができるでしょう。日本企業のカルチャーに染まっていない社員は、日本人なら決してしない質問を上司に投げかけるかもしれません。せっかくまとまりかけた会議が振り出しに戻ることもあるでしょう。

その会議が取締役会なら、社長は不愉快な思いをするに違いありません。そのような

人物を組織に受容することができるかどうか。日本企業が本当の意味でグローバルな存在へと脱皮するには、このハードルを乗り越える必要があります。その意味で、コーポレートガバナンスの強化は、企業がグローバル化を進める上でも非常に重要です。

外国人が活躍できる社会環境の整備を

　外国人社員をいかに組織内部に取り入れ、活躍の場を提供するか。そのためには企業内の努力だけでなく、社会全体での取り組みも求められます。

　最近は、日本企業のCEOや取締役を任される外国人も増え始めています。グローバル化を進める上で重要な動きだと思いますが、こうした企業は少数派です。女性の登用とともに、外国人がもっと活躍できるような社会的環境を整える必要があります。

　たとえば、有能な外国人経営者を日本企業が招こうとした場合、そこにはいくつかの壁があります。まず、所得税が高い。日本の所得税は香港の約3倍です。これでは、よほど高い報酬を用意しなければ、トップクラスの人材を振り向かせることはできません。外国人経営者の家族にとっても難しい課題があります。まず、子供が通えるような、英語で授業を行っている学校が非常に少ない。区立小学校に入れたとしても、日本語がおぼつかない外国人の子どもに対して、マンツーマンで教えてくれるようなシステムはありません。また、子どもや奥さんが病気になったとき、きちんと英語で対応してくれるような医師は何人いるでしょうか。

　このような課題を解決するために改革を進めようとすれば、医師や教員などの既得権益とぶつかります。容易には突破できない壁です。企業のグローバル化もそうですが、あらゆる改革を阻むのは目の前の小さな利益を守りたいという気持ちです。中年症候群にも通じる話です。変わることで何かを失うかもしれないから、変化を拒否する。それによって、将来の大きな可能性を失っていることには気づかない。または、「そのころには自分は引退している」とでも思っているのか、気づかないフリをしているのです。

　私が小泉純一郎内閣の総務大臣を務めていたとき、日本発の国際放送の実現に向けて注力したことがあります。多くのビジネスパーソンは海外出張先のホテルで、BBCかCNNのニュースを見ています。同じような国際放送を、ぜひ日本にもつくりたいと考えたのです。残念ながら、大きな抵抗に直面して、この試みは思い通りの成果を挙げることができませんでした。民間放送側の反対理由は次のようなものでした。NHKが国際

放送を強化する場合、国内で集めた受信料を外国人の視聴者のために使うことは難しいので、海外放送用のCMを獲得する必要があります。すると、トヨタのようなグローバル企業から広告を集めることになる。結果として、その企業が国内で使う広告費が減ってしまうではないか。だから、反対だというわけです。

目の前の小さな利益を守ることに汲々として、将来の可能性を自ら閉じてしまっているのです。国際放送に触れて日本のことが好きになる外国人が増えれば、日本の国益にかなうのは当然ですが、民放のビジネスにもやがて好影響があるはずです。しかし、民放側に入るグローバル企業の広告費がわずかでも減る可能性があるから反対する。同じような構図を、日本中のそこかしこで見ることができます。

日本のグローバル化の大きな課題は
ジャーナリズムの質

グローバルな教育や経営をもっと浸透させるためには、繰り返しになりますが、正確な現状認識が欠かせません。そこで大きな役割を担うのがジャーナリズムです。日本のジャーナリズムは、世界の動きをきちんと伝えているでしょうか。ジャーナリズムの質は、日本のグローバル化にとっての大きな課題です。たとえば、ワイドショー的なレッテル貼りは、報道番組や新聞でもよく見かけます。悪意のあるものも多い。一例を挙げれば、「竹中平蔵はアメリカ原理主義者だ」といった"為にする"レッテル貼りがあります。労働市場改革は日本の成長戦略にとって重要なテーマですが、そのための施策を「解雇の自由化」とか「解雇特区」と実態を歪めて表現したりする。読者や視聴者をミスリードするためにやっているのか、と疑いたくなる記事をしばしば見かけます。

先進国のスタンダードからはほど遠い状態ですが、それでも今日まで改革らしい改革なしに日本の大手メディアが存続できたのは、世界と切り離された環境によるところが大きいのでしょう。しかし、これからはそうはいきません。もちろん、そのことに気づいて変わろうとしているメディアもあります。

日経新聞によるフィナンシャル・タイムズ（FT）買収は、世界を驚かせました。1,600億円という価格が高すぎるという声もあるようですが、私はそうは思いません。日経はFTから学ぶことで自らを変え、グローバルなメディアへと成長するチャンスを手にしました。同様のチャンスは他の新聞社やテレビ局にもあるはずです。これまで国内の顧客だけを見て、昔ながらの経営をしてきたメディアであっても、一歩踏み出す勇気をも

てばグローバルな存在へと飛躍する可能性がある。日経新聞には、ぜひともその先駆けになってもらいたいと期待しています。

個人レベルのグローバル化
留学は全体を動かすための"ボタン"

　世の中は複雑です。グローバル社会ではプレーヤーが増えるので、複雑さはますます増大します。ワイドショー的なレッテル貼りで理解できるほど、単純ではありません。その複雑な社会を変えていくのは本当に難しいことです。しかも、1990年代以来、日本では中年症候群が蔓延しています。このような状況を打破するには大きなエネルギー、最高の知恵と工夫が欠かせません。国家戦略特区はそのための１つのアイデアです。

　たとえば、改革が難しいといわれてきた農業分野で注目すべき動きがあります。兵庫県養父市は特区指定を受けて農業委員会の権限の一部を市長に移し、その結果、いくつかの民間企業が同市で農場経営に乗り出そうとしています。これを見て、愛知県常滑市が農業分野での特区に名乗りを上げています。

　さまざまな分野の特区で成功を積み重ね、それを他の地域にも拡大していく。時間はかかるかもしれませんが、日本社会を変えていくために有効な手法だと思います。

　改革のアプローチは特区だけではありません。私が感嘆したのは、小泉さんの戦略です。日本社会には改革すべき部分が多くありますが、小泉さんがフォーカスしたのは巨大な官業としての郵便局。日本最大の官業が変われば、他の多くの組織も変わらざるをえません。郵政改革にエネルギーを集中することで、他の分野にも波及効果を及ぼしていくというやり方です。

　問題は、どこを狙って引き金を引くか。役所や企業などで改革を志す人たちにとっても、小泉さんのような戦略的アジェンダ設定は参考になるのではないでしょうか。

　グローバル社会の中で日本が確固たるポジションを確保するために、今後なすべきこと、変えるべきことは多い。あまりにもテーマが大きく複雑なため、何からやるべきか見当がつかないと感じる人もいるかもしれません。「社会が変わらないから」を言い訳にしていたのでは、何も動きませんし、何の貢献もできないでしょう。

　個人のレベルでも、できることはあります。個人における引き金は何か。ここを押せば全体に影響が及ぶというボタン、それは留学だと思います。

　留学すれば、世界の風を肌で感じることができます。おそらくは、「このままではい

けない」と痛感することでしょう。英語の必要性も実感するはずです。グローバル共通語としての英語を、流暢に話す必要はありません。ヘタでもまったく構わない。相手が耳を傾けてくれるような中身があるかどうかが重要です。

　その中身は、専門性と言い換えることもできるでしょう。それは、冒頭でお話ししたコンパスの一部です。金融でも、法律でも、ものづくりの技術でもいい。「自分はこれで勝負する」という分野を決め、その能力を磨き続けることです。さらにいえば、「自分の専門性によってグローバルアジェンダの解決に貢献する」という高い志をもってもらいたい。テロリズムや国際紛争、環境問題、金融危機など、世界中の人々が困っていること、地球規模の課題はいくつもあります。留学はアウェーでの戦いです。そこで求められるのは、少々のことでメゲない精神的なタフネスであり許容度の大きさです。世界は多様性に溢れています。日本で生まれ育った人なら、海外の人たちのマナーや言動に辟易とさせられる場面も多いでしょう。しかし、その度に腹を立てていたのでは生産的な活動はできません。海外の人たちも、日本人の態度にイライラさせられているのです。だからこそ、互いに許し認め合う寛容さが欠かせません。

「日本を代表している」という自覚をもて

　最後に、グローバル人材を目指す人たちへのメッセージを伝えたいと思います。30歳頃、私自身がハーバード大学に留学するときに先輩からもらった言葉です。
　「ハーバードの教授は、君を見て、君の向こうに日本を感じる。その瞬間、君は日本を代表している。その自覚をもて」
　そういって、先輩は一冊の本を手渡してくれました。小説家の吉村昭が日露戦争時の外務大臣・小村寿太郎を描いた『ポーツマスの旗』です。「小村寿太郎は大和民族の未来を背負って交渉の席についた。そういう気持ちで行ってこい」と、その先輩はいってくれました。海外に出れば、自分のアイデンティティを考えざるをえません。私自身がそうだったように、日本の歴史や文化に無知な自分とも向き合うことになるでしょう。世界を、日本をもっと知りたい、勉強しなければならないと強く思うに違いありません。日本で何気なく享受してきたもののありがたさにも気づきます。そうした経験のすべてが、グローバル人材としての成長の土台になるはずです。

おわりに

　VUCAワールドという言葉を初めて耳にしてから数年が経とうとしています(VUCA: Volatility, Uncertainty, Complexity, Ambiguity)。世界がますます不安定で不確実性が高く、複雑かつあいまいになっていく中で、グローバルビジネスを担う人財とはどのような人なのか。またどのように育成できるのか。地球人財創出会議では、さまざまな切り口からこのテーマに向き合ってきました。

　今回、書籍化の機会をいただき、あらためてこれまでの開催レポートを読み返してみたところ、数年前のお話でもまだまだ現在に活かせる内容だと実感しています。人材育成は時間がかかるもので、一朝一夕で変化を起こすことはできません。ご登壇いただいた方々は、激しく変化する世界にどう対応していくべきかを、情熱をもって語ってくださっています。また、参加者の皆様からは、経験に基づく指摘や質問をいただき、学びを深めるディスカッションが生まれました。紙面では、熱意に溢れた語り口や闊達な議論の雰囲気を正確に再現できないのが残念ですが、その一端でも感じていただければ幸いです。

2015年度の地球人財創出会議では、「地球人財が標準装備すべき6つのスキルとリテラシー」を大テーマに、個人の軸や異文化理解力などについて議論を重ねています。

　本書を手に取り、地球人財創出会議に参加してみようと思われた方は、同会議ホームページ（http://g-hrd.com/forum/subcomm/）をご覧ください。本書や地球人財創出会議が、地球人財の育成に尽力されている方々や地球人財を目指しておられる方々にとって、少しでもお役に立つものになれば、望外の喜びです。

　最後に、本書を出版するにあたりダイヤモンド社の前田早章氏、構成・編集を進める上で日比忠岐氏に大変お世話になりました。また、地球人財創出会議にてファシリテーターを務めてくださっている高津尚志氏、古森剛氏、ご登壇者の皆様、取材にご協力くださった方々、貴重な助言、示唆をくださった皆様に心より感謝申し上げます。

　　　　　　　　　　　　一般財団法人 国際ビジネスコミュニケーション協会　地球人財創出会議
　　　　　　　　　　　　　　　　　　　事務局　山﨑 暢子

編者
一般財団法人
国際ビジネスコミュニケーション協会
IIBC:The Institute for International Business Communication

1986年の設立以来、「人と企業の国際化の推進」を基本理念に、約30年にわたり事業を展開。その中核であるTOEICプログラムは、現在では世界約150カ国に広がり、英語能力を測る世界共通のモノサシとして、英語によるコミュニケーションの促進に大きな役割を果たしている。人と企業のグローバル化をさらに加速し、深化させることが喫緊の課題となっている今日、それを担う人材の必要性は高まり続ける中、発足以来のノウハウと経験を生かした多彩な活動を通じて、世界の舞台で挑戦する学生やビジネスパーソン、そしてその育成に携わる教育関係者や企業の人材育成担当者を多面的に支援し続けている。

http://www.g-hrd.com/

日本発、世界に飛躍
「地球人財」がグローバル時代を勝ち抜く

2015年12月17日　第1刷発行

編者	●一般財団法人　国際ビジネスコミュニケーション協会
発行	●ダイヤモンド社 http://www.diamond.co.jp 〒150-8409　東京都渋谷区神宮前6-12-17 電話／03・5778・7235(編集)　03・5778・7240(販売)
デザイン	●大久保裕文・須貝美咲・ 深山貴世・小倉亜希子(Better Days)
校正	●聚珍社
編集協力	●エディ・ワン
制作進行	●ダイヤモンド・グラフィック社
印刷	●堀内印刷所(本文)・共栄メディア(カバー)
製本	●ブックアート
編集担当	●前田早章

ISBN 978-4-478-06776-5
本書の内容の一部または全部を、
事前の許可なく無断で複写・複製を、
または著作権法に基づかない方法により引用し、
印刷物や電子メディアに転載・転用することは、
著作権者および出版社の権利の侵害となります。
©Institute for International Business Communication (IIBC) 2015
ETS, the ETS logo, PROPELL, TOEIC, TOEIC Bridge,
TOEIC BRIDGE are registered trademarks of Educational Testing Service
in the United States, Japan and other countries and used under license.
落丁・乱丁本はお手数ですが小社営業局宛にお送りください。送料小社負担にてお取替えいたします。但し、古書店で購入されたものについてはお取替えできません。
無断転載・複製を禁ず
Printed in Japan